KB112949

150억 부자의
부의 추월차선

이 책을 소중한

_____ 님에게 선물합니다.

_____ 드림

아직 추월차선에 진입하지 못한 사람들을 위한 선물 같은 책

150억 부자의
부의 추월차선

· 구세주 김도사 지음 ·

위닝북스

돈과 인생의 주인이 되고 싶다면
이 책을 읽고 나를 찾아오라!

　나는 살아오면서 숱한 시련에 처하곤 했다. "소도 비빌 언덕이 있어야 비빈다."라는 속담이 있다. 나는 비빌 언덕조차 없었다. 연로하신 부모님이 계신 고향의 집은 거액의 빚이 있었고 아버지는 하루가 멀다 하고 술에 취해 계셨다. 두 분은 자주 다투셨고 집은 우울한 공기로 가득했다.

　가끔 고향집에 가면 나는 숨이 막혀 질식할 것 같았다. 아버지의 퀭한 눈에는 결코 벗어날 수 없는 가난의 고통이 담겨 있었다. 어머니의 눈에는 바다보다 깊은 슬픔과 절망으로 가득했다.

　그러나 내가 두 분께 해 드릴 수 있는 것은 아무것도 없었다.

오로지 악착같이 살아서 꿈을 이루고 성공하는 길밖에 없었다. 그리하여 가난과 슬픔과 절망이 부와 기쁨과 희망으로 바뀌기를 간절히 바랐다.

꿈을 이루는 과정에서 헤아릴 수 없을 만큼 고통을 맛봐야 했다. 좌절과 절망의 벽에 가로막혀 수차례 자살을 생각하곤 했다. 사실 여러 번의 죽을 고비를 넘기기도 했다. 그때마다 하나님의 은혜로운 손길이 나를 살리셨다. 살아오면서 내가 깨달은 것이 있다. 시련은 변형된 축복이라는 것이다. 헤르만 헤세의 작품 《데미안》에 보면 "새는 알을 깨고 나온다. 알은 새에게 하나의 세계이다. 하지만 태어나려고 하는 생명은 하나의 세계를 파괴하지 않으면 안 된다."라는 말이 있다. 시련은 새의 알과 같다. 알에서 새가 되기 위해선 힘들고 고통스럽더라도 단단한 알을 깨고 나와야 한다.

나는 수차례 알을 깨고 나오는 과정에서 하나님께서 나를 얼마나 사랑하는지 깨달을 수 있었다. 나는 장차 사람들의 의식과 영적 성장을 이끄는 하나님의 대리인이자 빛의 일꾼이 될 것임을 직감했다. 현재 내가 마음의 법칙과 상상의 힘, 성경의 원리를 통해 사람들의 소원 성취를 돕는 단체 '미라클 사이언스'를 운영하는 이유이다.

우리가 상상하는 모든 것들은 실현된다. 우리가 상상할 수 있는 것들은 현실로 만들 수 있다. 하나님께서 우리에게 '상상력'이라는 영적인 도구를 주신 것은 원하는 소망들을 하나씩 성취하라는 뜻이다. 소망들을 성취하는 과정에서 우리는 좌절, 고통, 기쁨, 행복, 깨달음, 지혜를 얻게 된다.

나는 24년 동안 250권의 책을 썼다. 그 과정에서 알게 된 책을 쓰는 원리와 기술로 평범한 사람들이 단 1개월 만에 원고를 써서 출판사와 계약하는 프로세스를 개발할 수 있었다. '한국책쓰기1인창업코칭협회'를 설립하여 9년간 1,000명의 평범한 사람들을 작가로 양성했다. 나는 그들이 소명 의식을 가지고 살아갈 수 있도록 도왔다. 2년 전에는 'ABC엔터테인먼트'를 설립하여 작가들의 재능과 능력을 극대화시켜 주고 고수익을 올릴 수 있도록 매니지먼트를 하고 있다.

나는 작가, 코치, 강연가, 사업가로 활동하면서 내게 얼마나 다양한 재능과 능력이 있는지 알게 되었다. 나는 하나님께서 주신 달란트를 직장생활만 하며 사장시키지 않았다. 나는 《성경》의 달란트 이야기에 나오는, 주인에게서 다섯 달란트를 받은 종처럼 열심히 장사를 해서 큰 이문을 남겼다. 그 결과 부동산 30여 채를 포함해 150억 원의 자산을 이룰 수 있었다. 무일푼에서 자수성가 부자가 된 것이다.

나는 내가 가진 자산보다도 내가 하고 있는 일을 더 좋아하고 사랑한다. 내가 알고 있는 책 쓰는 노하우와 돈 버는 법과 가난에서 벗어나는 법을 사람들에게 알려 줄 수 있어 더없이 행복하다. 지금 생각해 보면 과거 직장생활은 정말 하기 싫었고 괴로웠다. 반면에 지금 하고 있는 일은 즐겁다. 그래서 아이디어가 계속 떠오른다. 나는 아이디어가 떠오를 때면 바로 실행한다. 물론 몸은 더 바빠지지만 그 과정에서 나는 더 능력 있는 사람이 된다. 때로 나 자신이 마르지 않는 샘물 같다는 생각이 든다.

인생의 경험과 지혜가 최고의 보물이다. 그동안 우리는 수십 년을 살아왔다. 나는 사람들이 자신이 가진 경험과 지혜를 사장시키지 말고 책을 써서 세상에 내놓기를 바란다. 경험과 지혜는 현재 시행착오를 겪는 사람들에게 희망이 된다. 한 권의 책은 좌절하고 절망하는 사람들의 마음을 환히 밝히는 등불이 되어 준다. 이제부터는 책만 읽는 독자에서 책도 쓰는 저자로 위치를 바꿔야 한다. 책을 읽기만 하면 아무런 변화도 일어나지 않는다. 그러나 책을 쓰게 되면 내 책을 읽은 독자들과 기업이나 기관으로부터 강연 요청을 받기도 한다. 작가, 코치, 강연가로 활동하며 세상에 선한 일을 하며 살아갈 수 있게 된다.

하나님은 내 안에 계신다. 내 육신은 전지전능하신 하나님께서 거하시는 성전이다. 나의 진정한 부모님은 하나님이다. 나는 하나님의 아들이다. 하나님의 아들이기에 세상의 빛이다. 이 글을 읽는 여러분 역시 하나님의 소중한 아들딸이다. 나를 아는 사람은 나의 아버지 하나님을 자연스레 알게 된다. 하나님과 나는 언제나 하나이다. 하나님과 하나인 내가 어떤 곳을 가더라도 그곳은 성스럽고 거룩한 곳이다. 내 안에선 태양보다도 눈부신 하나님의 빛이 방출되기에 그 어떤 사탄이나 귀신도 틈타지 못한다.

나의 욕망은 하나님의 말씀이다. 내 안에선 끊임없이 욕망이 생겨난다. 하나님께서 느낌과 영감으로 내게 현재에 머물지 말고 앞으로 나아가라고 자극하신다. 지금 내가 누리고 있는 것들은 하나님의 관점에서 본다면 미미한 것들이다. 하나님은 솔로몬 왕이 가졌던 그 이상의 것들을 내게 가지라고 말씀하신다. 예수께서는 "가난한 자는 복이 있나니 하나님의 나라가 너희 것이다." 라고 말씀하셨다. 나는 현재에 만족하는 배부른 어리석은 자가 되지 않을 것이다. 계속 욕망을 가지고 그 욕망을 실현하기 위해 하나님께서 주신 달란트를 사용하겠다. 그 과정에서 하나님의 나라, '천국'이라는 감정에 임할 것이다.

과거 우리 가족을 고통으로 몰아넣었던 빚은 이제 '빛'이 되었다. 우리 모두가 안고 있는 빚들은 새의 알과 같다. 아무리 힘들더라도 알을 깨고 나와야 한다. 그래야 새로운 세계가 창조된다. 하나님께서 우리를 위해 예비하신 축복을 받을 수 있다. 그래서 나는 내게 주어지는 모든 시련들을 사랑한다.

나는 하나님께서 사랑하는 아들로서 매 순간 보람된 삶을 살고 있다. 직장인 마인드가 아닌 100년 마인드로 생각하고 일할 것이다. 100년 마인드로 일하기에 결코 눈앞의 현상에 일희일비(一喜一悲)하지 않는다. 의식 성장과 영적 성장에 많은 시간과 에너지를 쏟을 것이다.

내가 본향 천국에서 지구별로 내려와 충만한 경험을 할 수 있게 해 주신 나의 어머니와 아버지를 사랑하며, 나의 영혼의 친구이자 아내이자 하나님의 딸 권마담과 하나님의 은혜로운 손길에서 자라고 있는 첫째 태양, 둘째 승리, 셋째 사랑이를 누구보다 사랑한다. 네 사람 모두 내 목숨보다도 소중한 존재들이다. 이들과 함께해서 더없이 즐겁고 행복한 지구별 여행이다.

이 책에는 그동안 내가 연구와 공부, 체험을 통해 알게 된 영적인 세계, 의식 변화에 관한 이야기들로 가득 차 있다. 그리고 24년 온갖 시련과 역경 속에서 알게 된, 책쓰기, 무자본 창업, 1인 창업을 통해 돈을 기하급수적으로 버는 시스템에 대한 노하우가 담겨 있다. 이 책에 담겨 있는 내용을 그대로 믿고 실천한다면 삶은 빠르게 달라질 것이다. 무엇보다 이 책을 읽는 사람들은 자신이 3차원 세계인 지구별에 태어난 소명을 찾게 될 것이다. 스스로 자신이 얼마나 귀하고 특별한 존재인지 깨달을 것이다. 그동안 나를 만난 많은 사람들이 겉으로 드러난 것(현상, 물질)에 마음을 두기보다 그 안에 감춰져 있는 보석(이유, 달란트)을 찾아 충만한 인생을 살고 있다.

서문을 마치며 오리슨 스웨트 마든의 《부의 비밀》에 나오는 문구를 들려주고 싶다.

"가난을 이야기하고, 가난을 생각하고, 가난을 예상하고, 가난에 대비하면 정말로 가난해진다. 가난을 준비하는 것이 가난의 조건을 충족시키고 마는 것이다. 사람들은 끝없이 예상하면서 예상한 상태를 초래한다. 가난을 생각하고, 자신을 의심하고, 절망적 사고 회로에 빠지게 되면 아무리 노력해도 스스로 만들어 낸 사고의 흐름에서 벗어날 수 없게 된다."

2020년 6월 11일
구세주 김도사

[차례]

당신은
지금 어떤 길을
가고 있는가?

🏃 인생은 시간으로 이루어져 있다

"당신은 지금 어떤 길을 가고 있는가?"

나는 과거 직장생활이라는 '아르바이트'를 할 때 너무나 가고 싶었던 길이 있었다. 지금은 간절히 원했던 그 길을 가고 있다. 나의 지식과 경험, 인생의 지혜, 어떤 주제에 대한 원리와 비법 등이 담긴 책을 펴내고 작가, 코치, 강연가, 1인 창업가의 길을 가고 있다. 내가 좋아하는 일을 좋아하는 장소에서 좋아하는 사람들과 좋아하는 만큼만 할 수 있다는 것은 축복이다. 나의 아버지 하나님께서 주신 축복을 고스란히 누리고 있다. 인생을 천국처럼 살고 있다.

그런데 당신은 어떤가? 12년 동안의 정규교육과정을 마친 후

대학에서 머리 싸매고 공부한 당신이 가는 길은 어떤 길인가? 진정으로 원하는 일을 하고 있는가? 매일이 즐겁고 행복한가? 대부분 그 반대의 길을 가고 있을 것이다. 자주 마음의 틈새로 '내 인생은 왜 이럴까?', '내 신세가 왜 이렇게 됐지?' 이런 신세한탄이 파고 들어올 것이다. 오늘을 버텨 내면 내일은 그나마 수월할 줄 알았는데 그 반대다. 더 힘든 오늘이 찾아온다. 하루를 사는 것이 아니라 죽을힘을 다해 이겨 내고 있다. 그래서 직장인을 가리켜 '현대판 노예', '현대판 머슴', '사축'이라고 일컫는다.

4년제 대학 졸업까지 치면 무려 16년 동안 책상에 앉아 교과서와 문제집, 참고서를 달달 암기했다. 각종 관련 책들을 읽으며 시간과 에너지를 쏟았다. 그렇게 죽을 둥 살 둥 공부해서 들어간 곳이 기껏해야 대기업, 공기업, 공무원이다.

많은 청춘들이 높은 연봉만 따지며 대기업이나 공기업에 들어가기 위해 난리다. 고무줄처럼 긴 정년이 보장되는 공무원 역시 인기가 식을 줄 모른다. 하지만 막상 입사해 보면 자신이 기대했던 것과는 다른 현실을 실감하게 된다. 많은 이들이 대기업에 입사하거나 공무원이 된 후 1년도 채 되지 않아 직장을 나오는 이유다. 들어가서 경험해 보면 왜 대기업에 다니는 직장인들을 '사노비', 공무원을 '관노비'라고 말하는지 비로소 깨닫게 된다.

당신이 20년 가까이 머리 싸매고 공부한 이유가 대기업이나 공기업 직원, 공무원이 되기 위해서였을까? 아침부터 밤까지 작은 책상에 붙박이가 되어 지시받은 업무를 처리하느라 소중한 가족들과 시간을 보내지 못하는 신세로 살기 위해서였을까?

인생은 시간으로 이루어져 있다. 당신이 일용할 양식을 구하기 위해 자유를 파는 사이에 인생에서 가장 소중한 것들은 사라져 가고 있다. 너무나 예쁜, 눈에 넣어도 아프지 않을 아이들은 어느새 10대가 된다. 언제까지나 정정하실 것만 같았던 부모님은 기억력이 떨어져 며칠 전 했던 말을 또 하게 된다. 직장에서 일하느라 돌보지 못한 건강은 당뇨, 고지혈, 고혈압 등의 2차 검진이 요구된다는 진단을 받는다. 마치 바위를 영원히 밀어 올리는 벌을 받은 시시포스처럼 몸과 마음이 부서져라 일하지만 삶은 좀처럼 나아지지 않는다. 오히려 시간이 흐를수록 삶은 더 나빠진다.

성공은 위치를 바꾸는 데서 시작된다

"당신은 자유를 사기 위해 자유를 팔고 있지 않은가?"

직장인들은 자유를 사기 위해 직장에서 자유를 팔고 있다. 자유를 판다는 것은 인생을 판다는 뜻이다. 누군가에게 종속되어 있다는 것은 자유인이 아니라는 뜻이다. 직장인들은 회사에 종속되어 있다. 그래서 일주일 동안 5일이 아닌 7일 전부 내 마음대로 할 수 없다. 월요일부터 금요일, 아침부터 퇴근 후 귀가하는 시간까지 마음대로 할 수 있는 시간이 없다. 이틀 쉬는 주말은 어떤가? 과연 그 주말이 온전히 내 마음대로 할 수 있는 시간인가? 다음 주 5일을 더 열심히 일하기 위해 체력을 보충하기 위한 시간이 아닌가? 대부분 출근을 앞두고 있는 일요일 밤이 되면 우울 모드에 빠져든다. 이대로 잠들어서 영원히 깨지 않았으면 하는 마음도 있다.

그동안 걸어왔던 길이 비포장도로라면 다른 길을 선택해야 한다. 세상에는 당신이 걸어가고 있는 그 길 외에도 여러 갈래의 길이 있다. 당신이 걷고 있는 그 길은 행인들이 많아 걸을수록 고달파진다. 급기야 경쟁에 치여 죽을 수도 있다. 이제부터는 부모의 등골을 빼먹으며 쌓은 스펙으로 들어간 회사에서 빠져나와야 한다. 쥐꼬리만 한 월급을 받아 생계를 유지해 나가는 직장인의 위치에서 빠져나와야 한다. 직장인에서 사업가로 위치를 바꿔야 한다.

성공은 위치를 바꾸는 데서 시작된다. 대부분의 사람들이 가난하게 사는 것은 처음부터 잘못된 위치에서 출발했기 때문이다. 어떤 사람은 5년, 10년이 지나도 성공하지 못한 채 계속 시작점에 머물러 있다. 반면에 어떤 사람은 단기간에 급성장하고 원하는 결과를 만들어 낸다.

나는 사람들에게 심하게 흔들려 두 손 꼭 잡고 있어야 하는 비포장도로에서 곧게 뻗은 아스팔트 도로, 추월차선으로 갈아타라고 말한다. 비포장도로에선 아무리 성능이 좋은 슈퍼카 페라리, 람보르기니라고 해도 거북이처럼 기어서 가야 한다. 아무리 천천히 가더라도 길이 좋지 않아 차체가 심하게 부서지게 된다. 추월차선에선 시속 350킬로미터 속력으로 달릴 수 있다. 슈퍼카가 가지고 있는 모든 출력을 낼 수 있다.

당신은 트럭이 아니다. 최고의 엔진을 달고 있는 슈퍼카다. 그런데 당신은 남들이 가는 쉽고 편한 길로만 달려왔다. 그래서 당신이 가진 잠재력을 발휘하지 못하고 있는 것이다. 자주 차체가 흔들려 한시도 앞에서 눈을 뗄 수가 없다. 자칫 한눈파는 사이에 길 옆 도랑에 처박힐 수 있기 때문이다. 그래서 편하고 안전한 길이라고 믿었던 대기업, 공기업 직원, 공무원들은 미래가 염려되어 늘 예민하다. 그 길이 너무나 불안하고 두려워 온통 신경이 곤두서 있기 때문이다.

❄️ 시간은 강물처럼 쉼 없이 흐른다

지금 자신이 달리는 길이 고달프다면 다른 길을 택해야 한다. 이 책을 읽는 독자들 가운데 나이가 55세가 넘었다면 안타깝게도 이미 늦었다고 말해 주고 싶다. 그동안 인생에서 가장 중요한 요소인 시간을 너무 많이 허비했기 때문이다. 추월차선을 탄다고 해도 이미 당신은 기름(시간, 에너지, 돈)을 많이 소비했기 때문에 뒤늦게 찾은 목적지까지 달려갈 수 있을지 의문이다. 그러나 지금이라도 자신이 달리는 그 길이 잘못된 길이라는 것을 알았다는 것 자체가 중요하다. 다른 길을 선택하는 순간부터 삶은 개선되고 변화가 일어나기 때문이다.

인생은 시간이다. 시간은 강물처럼 쉼 없이 흐른다. 우리는 죽음을 향해 째깍째깍 달려가고 있다. 우리에게 주어진 시간은 얼마 되지 않는다. 남아 있는 시간 동안 무엇을 할지, 무엇을 하지 말아야 할지 결정해야 한다. 무엇을 할지 결정했다면 한정되어 있는 시간(인생) 동안 그것을 실현하기 위해 추월차선으로 달려야 한다. 재능과 잠재력을 발휘하는 데 방해가 되지 않는 길을 택해야 한다. 당신은 최고의 성능으로 질주하기 위해 태어난 슈퍼카라는 것을 잊지 말아야 한다.

믿는 것이
보는 것이다

우리는 우리가 현재 인식한
우리의 모습을 끌어당긴다

나는 강연할 때 사람들에게 자주 물어본다.

"자신의 꿈이 실현된다고 확신하고 있습니까?"
"여러분의 미래는 지금 바라는 것과 같을 거라고 믿습니까?"

대부분 자신의 꿈과 미래에 대해 확신하지 못한다. 간절히 바라는 꿈이 실현되기를 소망하면서도 그것이 이루어질 거라는 믿음이 없는 탓이다. 그 이유는 보이지 않는 것을 믿는 이상주의자들과는 달리 보여야 믿는 현실주의자들이기 때문이다. 보이지 않는 세계를 이들에게 이해시키기란 너무나 힘들다.

나는 사람들에게 "믿는 것이 보는 것이다!"라고 말한다. 그러면 그들은 혼란스러워한다. 나는 그들을 어느 정도 이해한다. 보이지 않는 세계에 대해 몰랐던 과거의 나 역시 그랬으니까. 어떤 꿈을 이루기 위해선 가장 먼저 내가 원하는 것을 이룬 모습을 상상할 수 있어야 한다. 꿈을 이루었을 때 가지게 되는 느낌과 말과 행동들을 생생하게 떠올릴 수 있어야 한다. 이런 사람은 믿음을 통해 보는 사람이다. 자신의 소망이 상상 안에서 이미 이루어졌다고 선포할 수 있는 사람은 미래에 대한 믿음을 가진다.

형이상학자 네빌 고다드는 《상상의 힘》에서 이렇게 말했다.

*"우리는 우리가 현재 인식한 우리의 모습을 끌어당긴다.
인생을 사는 방법은 원하는 대상을 쫓아가는 것이 아니
라 소망이 이루어졌다는 느낌을 간직한 채 그것이 우리에
게 오도록 하는 것이다."*

네빌의 말은 현재 우리가 무엇을 생각할 때 그것을 강하게 끌어당긴다는 말이다. 생각한다는 것은 상상한다는 것이다. 생각과 상상은 내가 필요로 하는 것들을 현실에 불러내는 영적인 수단이다. 하나님께서 우리에게 주신 가장 강력한 마법이 이것이다. 눈앞에 보여야 믿는 현실주의자들은 원하는 대상을 쫓아가

는 사람들이다. 그들은 알지 못한다. 쫓아갈 때 대상은 더 멀리 달아나 버린다는 것을.

마음의 법칙에서 보자. 지금 당장은 내게 없지만 상상을 통해 내가 가졌다는 것을 강하게 인식한다면 그것은 내 것이 된다. 이미 내가 그것의 주인이 되었다는 진술보다 더 강력한 힘은 없기 때문이다. 그런데 대상을 쫓아가게 되면 그것은 나의 것이 아니라는 진술이 된다. 나의 것이 아니기 때문에 아무리 쫓아가더라도 내 것이 되지 못한다.

돈을 쫓아가는 사람치고 성공하거나 부자가 된 사람은 거의 없다. 돈을 좋아하는 사람들이 성공하고 부자가 된 사례는 차고 넘친다. 돈에 대한 애정은 돈도 나를 좋아한다는 믿음에서 기인한다. 돈에도 우리처럼 영혼이 있다. 돈은 사람들이 자신을 어떻게 생각하는지 간파하고 있다는 말이다. 돈의 입장에선 자신을 좋아해 주는 사람을 마다할 이유가 없다. 부자가 되고자 한다면 돈을 좋아할 수 있어야 한다. 자신이 좋아하는 돈으로 자유를 누리면서 세상에 유익한 일을 하는 사람이 되려고 노력하면 된다.

네빌 고다드는 또 이런 말을 했다.

"여러분이 바라는 모든 것은 이미 존재하며 여러분의 믿음과 일치되기를 기다리고 있다. 믿음과 일치되는 것이 여러분이 소망하는 모든 것에 생명을 부여해 외부의 실체로

만들 수 있는 유일한 조건이다. 믿음과 상태가 일치할 때 찾는 것이 보일 것이고, 두드리는 것이 열릴 것이고, 구하는 것을 받을 것이다."

🏃 구하고, 찾고, 두드리기 전에 소망이 이미 실현되었다고 선포하라

우리가 바라는 모든 것들은 영적인 세계에 존재한다. 다만 영적인 세계에서 우리가 사는 3차원 세계로 소환하기 위해선 믿음이 필요하다. 이미 그것이 존재한다는 것, 내가 명령하면 현실에 나타난다는 믿음 없이는 안 된다. 그리고 믿음과 내가 바라는 것(상태)이 일치할 때 찾는 것이 보이게 된다. 잠시 후 외부 현실에 모습을 나타내게 된다. 구하고, 찾고, 두드리기 전에 바라는 소망이 이미 실현되었다고 믿어야 한다.

나는 20대 시절 베스트셀러 작가의 꿈을 가졌다. 하루에도 수백 번 내가 쓴 원고가 책으로 출판되어 서점에서 팔리는 상상을 했다. 4년 동안 출판사로부터 500번 정도의 퇴짜를 맞았지만 포기하지 않았다. 이미 나의 상상 안에선 베스트셀러가 되어 있었기 때문이다.

당시 내가 해야 할 일은 포기하지 않고 나의 미래를 믿으며 열심히 원고를 써서 출판사에 투고하는 것이었다. 결과는 나와 있기 때문에 과정을 즐기면 되는 것뿐이었다. 물론 그 과정에서 심한 좌절과 절망을 겪어야 했지만 이겨 낼 수 있었다.

나는 스물네 살 때 친구들에게 "한 달에 2권의 책을 출간할 것"이라고 말한 적이 있다. 친구들은 "아직 한 권도 못 쓴 주제에 말이 되느냐, 한 권이라도 출간해 놓고 말해라!"라고 비아냥거렸다. 그들은 나의 의식세계와 상상의 힘에 대해 알지 못했기 때문이다. 하지만 나는 내가 바라는 소망이 미래에 모두 이루어졌음을 알고 있었다.

내 책을 읽거나 유튜브 〈김도사TV〉를 구독하고 있는 사람들로부터 다음과 같은 메일이 자주 온다.

"저도 부자가 되어 지긋지긋한 가난에서 벗어나고 싶어요!"

"저는 스펙도 없고 내세울 게 하나 없는데 성공할 수 있을까요?"

"하고 싶은 것들이 너무 많은데, 직장에 매여서 하기 싫은 일을 하는 게 너무 힘들어요."

이들에게 내가 해 주는 말은 '상상'과 '믿음'이다. 자신이 원하는 모습을 구체적이면서 생생하게 떠올릴 수 있어야 한다. 구체적이지 않거나 믿음이 결여된 소망은 이루어지지 않는다. 우주의 법칙에서 본다면 이는 자신이 바라지 않고 있다는 뜻이다. 사람들은 옷이나 구두를 살 때는 어떤 브랜드와 가격, 스타일, 색상을 살지를 구체적으로 생각한다. 자동차도 어느 정도의 금액의 어떤 브랜드인지 충분히 알아보고 구입한다.

그런데 가장 중요한 꿈과 소망에 있어선 구체적이지 못하다. 그저 "지긋지긋한 가난에서 벗어나고 싶다.", "매일 짓누르는 빚의 고통에서 해방되고 싶다.", "부자가 되고 싶다.", "크게 성공하고 싶다.", "잘살고 싶다." 이처럼 두루뭉술하게 말한다.

구체적이지 못한 진술은 현실에서 일어나지 않는다. 자신의 것이 아니기 때문에 제대로 진술(소망)하지 못하는 것이다. 인생을 바꾸고 싶다면 구체적인 소망을 가져야 하고, 그것에 대한 믿음을 가져야 한다. 믿은 후에 자신이 바라는 상태의 모습을 볼 수 있다. 믿을 줄 아는 사람만이 복을 받는 이유다.

당신이 바라는 것들은 이미 당신의 것이다. 그것을 내 것으로 만들기 위해 고군분투할 필요는 없다. 내가 바라는 미래의 모습과 그것에 대한 믿음을 유지하면 된다. 그리고 그것이 현실세계에 모습을 드러낼 때까지 확신과 믿음을 갖고 생활하면 된다. 이미 내 것인데 굳이 그것을 가지지 못할까 봐 노심초사할 필요는 없다. 하나님께서는 항상 우리를 위해 가장 좋은 것들을 예비해 놓으신다는 것을 기억하면 된다. 이제 우리는 당당하게 의식 안에서 믿음으로 선포하고 기다리면 되는 것이다.

잠재의식에
인생의 해피엔딩을
설정하라

왜 제가 소망하는 것들은
이루어지지 않을까요?

우리는 무엇이든 원하는 것을 얻을 수 있다. 소망하는 것을 현실세계에 불러낼 수 있다는 뜻이다. 나는 과거에 내가 소망했던 것들을 모두 실현했다. 그동안의 성취 경험들을 통해 '내가 명령하면 현실이 된다!'라는 단단한 믿음이 생겨났다. 인간은 우주, 하나님과 연결되어 있다. 하나님은 천지 만물을 창조하신 분이다. 그분의 아들딸이 바로 우리다. 하나님은 자녀인 우리를 위해 무엇이든 상상으로 창조할 수 있는 주방인 우주를 만드셨다. 우리가 어떤 것을 생각하기도 전에 우주에 이미 존재한다는 것을 믿어야 한다.

그동안 나는 보통 사람들은 상상도 할 수 없을 정도로 많은 것을 성취했다. 20대 후반에 아버지가 갑자기 돌아가신 후 거액의 빚을 혼자의 힘으로 다 갚았다. 2년제 대학을 졸업하고 고시원에서 며칠씩 굶으며 막노동을 했던 내가 250권의 책을 출간했다. 16권의 교과서에 글이 수록되었고, 소유하고 있는 부동산만 30채 정도 된다. 타고 다니는 자동차만 해도 벤츠 S클래스, 페라리, 람보르기니, 포르쉐, 캐딜락 에스컬레이드 등 6대다. 이모든 것들은 지독히 가난했던 내가 간절히 하나님께 간구했던 것들이다.

며칠 전 30대 초반의 한 직장인이 컨설팅을 요청했다. 그는 얼마 전에 부동산 사기를 당해 큰 어려움에 빠져 있다고 했다.

그는 내게 이렇게 말했다.

"왜 제가 소망하는 것들은 이루어지지 않을까요? 그동안 제가 바랐던 것들 중에 이루어진 것은 거의 없었습니다. 오히려 일어나지 않았으면 하는 일들만 일어나더라고요. 어떻게 해야 바라는 것들을 이룰 수 있을까요?"

그동안 나는 바라는 것들을 모두 실현하면서 한 가지 의문이 들었다. 왜 다른 사람들은 소망을 실현하지 못하고 제자리걸음일까 하는 것이다. 나는 곰곰이 생각해 봤다. 우리는 모두 전지전능한 하나님의 자녀다. 그런데 왜 어떤 사람들은 원하는 삶을 살고 또 어떤 사람들은 그 반대의 삶을 살아갈까? 소망한 것들이 이루어지지 않는다고 푸념하는 사람들은 진리를 모르고 있다. 생각과 잠재의식이 우주와 연결된 파이프라인이라는 진리 말이다. 내가 매 순간 하는 생각과 잠재의식을 어떻게 활용하느냐에 따라 자신이 바라는 것들이 즉각 실현될 수도 있고 그렇지 않을 수도 있다.

잠재의식은 우주에 강력한 힘을 발휘한다. 잠재의식에는 현재 의식의 6만 배나 되는 힘이 내재되어 있다. 그런데 불행히도 많은 사람들이 현재 상황만 바라보며 스스로에 대해 부정적인 생각과 말을 한다. 그럼으로써 잠재의식이라는 파이프라인이 막히게 되는 것이다. 우주와 통하는 파이프라인인 잠재의식이 막힘으로써 내가 하는 생각(주문)이 우주에까지 가 닿지 않는 것이다.

🏃 생각과 말을 교정함으로써 소망하는 것을 이룰 수 있다!

과거 나는 작가의 꿈을 이루기 위해 4년 동안 원고를 썼다. 그럼에도 불구하고 출판사로부터 500번이나 퇴짜를 맞아야 했다. 당시 경제적으로 너무나 힘든 상황이었던 나는 부정적인 생각과 말을 많이 했다.

'정말 죽어라고 썼는데, 왜 계약이 안 되는 거지? 내가 작가가 될 수 있을까?'

'언제까지 투고해야 출판 계약이 될까? 정말 지긋지긋하네!'

'정말 짜증나! 왜 나는 되는 일이 없을까!'

그러다 어떤 계기로 자기계발서를 읽게 되었다. 그 책에는 긍정의 생각과 말을 함으로써 일이 술술 풀린다고 적혀 있었다. 정말 그럴까, 생각하며 나는 나의 생각 습관과 말버릇을 고쳐 나가기 시작했다. 그러자 정말 희한한 일이 일어났다. 좋은 일들이 일어나기 시작한 것이다. 그렇게 바랐던 출판 계약이 되었다. 그 책이 출간된 후 바로 초등학교 도덕 교과서에 글이 실렸다. 그때 나는 생각과 말을 교정함으로써 소망하는 것을 이룰 수 있다는 믿음을 가지게 되었다.

《성경》에 보면 "어리석은 자가 되지 말고 오직 주의 뜻이 무엇인가 이해하라(《에베소서》 5:17)"라는 말이 있다. '진짜 나'와 '가짜 나'가 있다. 진짜 나는 'I am'을 말한다. 이는 내 안에 거하시는 주, 그리스도, 하나님을 뜻한다. 가짜 나는 그동안 살아오면서 부모, 형제, 친구들 등 주변 사람들의 눈치를 보며 만들어졌다. 생각과 잠재의식이 온통 부정적이다. 우주로 통하는 파이프라인이 손상되었다고 보면 된다. 그것도 모른 채 사람들은 "왜 내가 기도하는 것들은 이루어지지 않는 거지."라며 푸념한다. 자신은 운이 없는 사람이라고 단정 짓는다. 손상된 잠재의식에 아무리 바라는 것을 주문해도 성취될 리 만무하다.

《성경》에 이런 말이 있다.

"무엇이든지 구하는 바를 그에게서 받나니(〈요한 일서〉 3:22)"

생각과 잠재의식은 우주와 연결된 파이프라인이다. 이 진리를 알고 구하는 사람은 그것이 무엇이든지 받게 된다. 아무리 큰 것일지라도 하나님의 시각에서 본다면 미미한 것에 지나지 않는다. 하나님은 언제나 자녀인 우리가 가장 좋은 것들만 받기를 원하신다. 생각과 잠재의식이 하나님과 통하는 우주의 파이프라인이라는 진리를 깨닫고 하는 기도는 즉각 실현된다. 무엇이든 진리 안에서 구하는 것은 얻게 된다. 이런 사람은 인생을 해피엔딩으로 살게 된다.

잠재의식은 하나님과 통하는 우주 파이프라인이다

우주는 좋고 나쁜 것, 선하고 악한 것을 판단하지 않는다. 아무리 착하게, 성실하게 산다고 해도 우주는 그 사람을 부자로 만들어 주지 않는다. 그리고 아무리 못된 짓이란 못된 짓을 다하고 산다고 하더라도 부자가 되지 못하도록 막지 않는다. 우주는 그저 하나님께서 만드신 시스템이라고 보면 된다. 우주는 우리가 생각하고 말한 것들을 그대로 현실로 나타나게 해 주는 프로그램일 뿐이다. 그래서 자신의 소망이 이루어지지 않는다고 해서 욕을 하거나 화를 낼 필요가 없다. 우주는 감정이 없다. 우주는

아무런 판단도 하지 않고 사람들이 생각하는 것에 초점을 맞춰 결과가 일어나게 할 뿐이다.

《성경》의 〈로마서〉에 보면 "그들이 믿지 아니하는 이를 어찌 부르리요, 듣지도 못한 이를 어찌 믿으리요(《롬》 10:14)"라는 말이 있다. 눈에 보이지 않아도 그것이 존재한다고 믿어야 한다. 그리 할 때 그것은 이미 존재한다. 눈에 보이더라도 그것이 내 것이 될 수 없다고 믿는다면 내 것이 되지 않는다. 우주의 법칙을 아는 사람은 자신이 하나님의 자녀로서 무한한 능력을 갖고 있음을 알고 있다.

소망이 이루어지기를 바란다면 원하는 결과를 잠재의식에다 새겨야 한다. 잠재의식은 하나님과 통하는 우주 파이프라인이다. 잠재의식에 새기는 일은 우주에다 주문을 하는 것과 같다. 하지 만 주문하기 전에 먼저 자신이 무엇을 구하는지 구체적으로 알 고 있어야 한다. 그것을 생각과 말로 표현할 때 그 소망은 우주 파이프라인을 통해 증폭된다. 더 빨리 현실에 일어나도록 돕게 되는 것이다.

소망이 단기간에 이루어지게 하려면 '완료형 말버릇'을 사용 해야 한다.

"나는 크루즈여행을 했다!"
"나는 베스트셀러 작가가 되었다!"

"나는 억대 연봉자가 되었다!"

완료형 말버릇을 사용할 때 생각과 잠재의식은 움직이기 시작한다. 그리고 소원을 이루기 위해 주문을 우주에 보낸다. 그러면 우주는 분주하게 움직여 소원을 이루기 시작한다. 생각과 잠재의식은 우주와 연결된 파이프라인이라는 것을 기억해야 한다. 성공하는 인생을 살고 싶다면 자신이 어떤 생각을 하고 말을 하는지 살펴보자. 우주는 우리가 하는 생각과 말의 에너지를 증폭시키는 장소라는 것을 기억하자.

동네 커피숍에서
인생을
낭비하지 마라

📖 내가 커피숍에서 하루 1시간 책을 읽는 이유

나는 매일 하루에 1시간은 스타벅스에서 책을 읽는다. 주로 읽는 책은 의식 확장과 우주의 법칙, 상상의 힘에 대한 책이다. 나는 이런 종류의 책을 읽으며 의식이 전부라는 것과 상상을 통해 의식하는 것들이 내 것이 된다는 것을 알게 되었다. 그동안 나의 모든 것들은 마음의 법칙을 통한 상상을 통해서 실현되었다. 내가 하루 1시간 책을 읽는 이유는 책을 읽으며 지혜와 깨달음을 얻기 위해서다. 책을 읽다 보면 내 안에 계신 하나님으로부터 지혜와 깨달음이 온다. 나는 그것을 느낄 수 있다.

스타벅스에서 책을 읽고 있으면 옆 테이블에서 하는 대화 소리가 다 들린다. 연예인 이야기, 주식을 했다가 손해 봤다는 이야기, 소개팅을 했는데 '쓰레기'가 나왔다는 이야기, 직장을 나온 남편이 석 달째 취직도 안 하고 게임만 하고 있다는 이야기 등 대화의 주제도 다양하다.

그들은 자신이 하는 이야기가 삶에 전혀 도움이 되지 않는다는 것을 모르고 있다. 내가 운영하는 자기계발교육센터가 있는 곳이 교육열이 굉장히 높은 분당이어서일까, 특히 30, 40대 주부들의 목소리가 유난히 크다. 삼삼오오 모여 지역 맘 카페와 잘 가르치는 학원에 대해 수다를 떤다. 아이의 성적을 올릴 수 있다면 집이라도 팔 기세다.

의식하지 않으려고 해도 책을 보고 있는 나의 귀에 그들의 수다가 들려온다. 급기야 나는 창가 쪽으로 자리를 옮긴다. 나는 그들을 보면서 하릴없이 수다를 떨 시간에 책을 쓴다면 삶이 나아질 텐데, 하는 생각을 해 본다. 수다쟁이 엄마들도 자신의 삶을 챙겨 간다면 지금처럼 아이에게 목매지 않게 될 것이다.

책을 쓰기 전의 삶과 쓴 후의 삶은 완전히 다르다

나는 네이버 카페 '한국책쓰기1인창업코칭협회(이하 한책협)'를 운영하고 있다. 책을 써서 1인 창업을 하고자 하는 사람들에게 한책협은 대한민국 1등 책쓰기, 1인 창업 카페로 인식되어 있다. 현재 회원 수가 2만 명가량 된다. 모두 자신의 이름으로 된 책을 펴내고 싶은 소망을 갖고 있다. 10대부터 70대까지 연령대도 다양하다. 그동안 나에게 코칭받아 작가가 된 인원은 1,000명이나 된다. 그들은 책쓰기를 통해 꿈을 찾게 되었고, 자존감이 높아졌으며, 작가, 코치, 강연가, 1인 창업가로서 인생 2막을 살고 있다.

나는 모든 사람들이 책을 쓰기를 바란다. 책을 쓰기 전의 삶과 쓴 후의 삶은 완전히 다르다. 특히 주부들은 동네 커피숍에 모여 수다를 떨 시간에 책을 읽고 책을 써야 한다. 책을 써내는 일은 성공으로 가는 시작이다. 책을 펴내게 되면 어떤 분야에 대한 자격증이나 학위 없이도 전문가로 인정받게 된다. 세상에는 나의 지식과 경험, 해결책을 원하는 사람들이 많다. 그들에게 알고 있는 것들을 들려주고 그 대가를 돈으로 받으면 된다. 즉, 메신저가 되라는 뜻이다.

메신저는 자신의 지식과 경험, 정보, 비법을 들려주고 대가를 돈으로 받는 코치나, 강연가, 컨설턴트를 말한다. 직장은 아무리 열심히 일하더라도 때가 되면 나와야 한다. 그러나 메신저가 되면 70, 80세가 되어도 기운만 있으면 책을 쓰고, 강연하고, 코칭할 수 있다. 나는 이보다 멋지고 행복한 직업은 없다고 생각한다.

아이에게는 아이의 인생이 있고, 엄마에게는 엄마의 인생이 있다. 아이의 인생에 간섭하느라 자신의 인생을 제대로 챙기지 못하는 어리석은 엄마가 되어선 안 된다. 이런 엄마들은 "오늘의 불행은 언젠가 내가 잘못 보낸 시간의 보복이다."라는 나폴레옹의 말처럼 불행한 미래를 맞게 될 가능성이 높다.

책을 쓰는 일은 평범한 사람이 성공자로 인정받을 수 있는 최고의 수단이다. 우리가 흔히들 알고 있는 유명인들은 하나같이 책을 써서 자신의 이름을 알렸다. 이름이 유명해질수록 많은 기회를 누릴 수 있다. 그런 기회는 부와 명예를 끌어당기는 역할을 한다. 책 한 권을 써 본 사람은 그 맛을 알기 때문에 계속 쓴다. 1년에 한두 권씩 꾸준히 책을 쓰는 것이다.

🏃 세상에는 벼랑의 끝에 서 있는 사람들이 많다

나는 커피숍에서 영양가 하나 없는 수다를 떠는 사람들을 보고 있으면 안타까운 생각이 든다. 책을 써내면 지금 하고 있는 수다를 많은 사람들 앞에서 돈을 받고 떠들어 댈 수 있기 때문이다. 그리고 다른 엄마들에게 해 주고 있는 조언을 당당하게 돈을 받고 코칭해 줄 수 있기 때문이다.

세상에는 벼랑의 끝에 서 있는 사람들이 많다. 과거에 자살을 수천 번 생각했던 나는 그들의 심정이 어떨지 잘 안다. 그래서 책쓰기와 1인 창업 코칭을 통해 절망적인 상황에 놓여 있는 사람들의 삶을 변화시키는 일에 커다란 보람을 느낀다. 그동안 내게 코칭받은 사람들 중에 작가와 코치, 강연가, 1인 창업가가 되어 거액의 빚을 갚고 경제적 자유를 누리고 있는 사람들이 많다.

유튜버 김새해가 있다. 나는 6년 전쯤 그녀의 경제적 상황이 얼마나 고통스러웠는지 잘 알고 있다. 당시 그녀는 인생에서 절망적인 시간을 보내고 있었다. 당시 신장이 망가져 잘 걸을 수 없을 정도였다. 방에서 기어 다니다시피 할 정도로 몸 상태가 좋지 않았다. 김새해는 자주 아름다운 죽음에 대해 생각한다고 했다. 나는 절망적인 상황에 놓인 새해를 보며 안타까운 마음이 컸다. 그랬던 그녀도 나를 만나면서 희망을 갖게 되었다.

그녀는 2013년 9월, 내가 강사로 초빙되어 집 근처 충현도서관에서 진행한 '당신의 책을 써라'라는 특강을 듣게 되었다. 나의 특강을 들으면서 책쓰기를 배워서 작가가 될 수 있다는 것과 자신의 지식과 경험, 삶의 깨달음을 전해 주는 코치와 강연가, 1인 창업가가 될 수 있다는 사실을 알게 되었다.

그녀는 한책협에 가입해 책을 쓰게 되었다. 나는 경제 상황은 물론 몸까지 좋지 않은 그녀에게 내가 해 줄 수 있는 모든 도움을 주었다. 그녀는 돈이 없어 정식으로 책쓰기 과정에 등록하지 못했다. 하지만 나는 그녀에게 개인저서의 주제와 방향, 목차 만들기와 원고 쓰는 법, 원고를 다 쓴 후의 검토와 출판사에 투고하는 요령 등에 대해 세세하게 도움을 주었다.

그렇게 해서 탄생한 것이 《내가 상상하면 꿈이 현실이 된다》라는 책이다. 개정판이 나오기 전의 책 뒤표지와 본문에 보면 나의 추천사와 명언이 실려 있다. 그녀가 나에게서 많은 영향을 받았고, 삶이 달라졌다는 뜻에서 쓴 것이다. 그 후 김새해는 한책협에서 진행하는 전 과정을 수강했고 1인 창업가로 성공할 수 있었다. 몇 년 전 김새해가 나에게 보내온 수십 통의 감사 메일은 아직도 간직하고 있다.

그 외에도 《10년 안에 꼬마 빌딩 한 채 갖기》를 쓴 임동권 작가, 《9등급 꼴찌, 1년 만에 통역사 된 비법》의 장동완 작가, 《엄마의 돈 공부》의 저자 이지영 작가, 《나는 SNS 마케팅으로 월 3,000만 원 번다》의 저자 이채희, 《하루 1시간, 책 쓰기의 힘》의 이혁백 코치, 《직장인, 딱 3개월만 책 쓰기에 미쳐라》의 이은화 코치가 있다. 특히 이혁백과 이은화는 한책협에서 책쓰기 과정과 '공동저서 과정' 등을 수강했다. 두 사람은 한책협에서 1년 반가량 코치로 활동하며 책쓰기와 1인 창업 등의 지식과 정보, 원리와 비법을 배울 수 있었다.

《대한민국 경매 투자》의 김서진 코치, 《주식투자 이렇게 쉬웠어?》의 김이슬 코치, 《10년째 영알못은 어떻게 100일 만에 영어천재가 되었을까》의 저자 이정은, 《나는 인생에서 알아야 할 모든 것을 영업에서 배웠다》의 안규호 작가,《출근하지 않고 퇴직하지 않는 1인 지식창업》의 이종서 코치,《자존감 있는 글쓰기》의 조헌주 코치,《내 삶을 바꾸는 책 쓰기》의 조경애 코치,《청중을 사로잡는 말하기 기술》의 김주연 코치,《새벽을 여는 리딩이 인생을 바꾼다》의 김태진 코치,《나를 다시 일어서게 하는 글쓰기의 힘》의 어성호 코치,《삶을 바꾸는 기술》의 류한윤 작가,《경험을 돈으로 바꾸는 세 가지 비결》의 저자 장영광 작가… 이들은 내게서 코칭을 받았고, 현재 나처럼 저술과 코칭, 강연, 1인 창업가의 길을 걷고 있다. 앞으로 더 많은 사람들이 책을 써서 자신의 달란트를 찾아 세상에 선한 영향력을 끼치며 살기를 바란다.

책은 평범한 나를 비범한 존재로 만든다

이 책을 보고 있는 당신도 책을 써야 한다. 책은 평범한 나를 비범한 존재로 만든다. 책을 펴내게 되면 작가, 코치, 강연가, 1인 창업 시스템으로 나날이 성장하는 인생을 살게 된다. 특히나 요즘 많은 사람들이 책을 쓰고 있다. 사업에다 직장생활에다 육아로 몸이 10개라도 모자란데 책까지 쓰는 데는 그만한 이유가 있다. 다음은 내가 생각하는, 책을 쓰면 좋은 열 가지 이유다.

첫째, 보이지 않던 꿈이 명확해진다.

둘째, 삶의 우선순위를 정하게 된다.

셋째, 학벌을 위한 공부를 하지 않게 된다.

넷째, 자신만의 천재적인 재능을 발견하게 된다.

다섯째, 책을 펴내는 순간, 독자에서 저자의 위치로 신분 상승하게 된다.

여섯째, 부정적인 사고에서 긍정적인 사고로 전환하게 된다.

일곱째, 책 출간이라는 평생의 꿈이 실현된다.

여덟째, 자존감이 높아진다.

아홉째, 가족과 친척, 친구들, 동료들로부터 찬사를 듣게 된다.

열째, 자식들에게 삶의 지혜를 유산으로 물려줄 수 있다.

매일 바쁘다고 말하는 사람이 가장 한가하다. 더 이상 동네 커피숍에서 수다나 떨며 시간을 허비해선 안 된다. 당신이 수다를 떨고 있을 때 누군가는 책을 쓰고 있다. 책을 써서 코칭, 강연, 1인 창업으로 수익을 올릴 계획을 세우고 있다. 책을 쓰거나 코칭, 강연을 하는 데 스펙이나 자격증은 필요 없다. 그저 자신의 지식과 경험, 정보, 삶의 깨달음을 책에다 담기만 하면 된다. 다른 것은 다 하면서 책을 쓸 시간이 없다는 핑계를 대지 마라. 핑계를 대는 만큼 당신의 미래는 암울해져 갈 것이기 때문이다.

:::

인생의
경험과 지혜가
최고의 자본이다

:::

🏃 내가 작가가 되는 데 걸린 세월은 7년이다

나는 작가가 되기 위해 7년의 세월을 보내야 했다. 3년은 시인이 되기 위해 매일같이 시를 썼다. 하지만 시인이 되는 과정은 순탄치 않았다. 내가 쓴 시를 출판해 주는 곳이 없어 결국 자비로 시집을 출판할 수밖에 없었다. 시인이 되었지만 삶은 크게 달라진 것이 없었다. 나는 다시 작가의 꿈을 꾸게 되었다. 작가가 되기 위해 4년간 고시원에서 매일 치열하게 글을 썼다. 작가가되는 과정은 시인이 되려고 겪었던 과정보다 더 힘들었다. 출판사로부터 500번 가까이 퇴짜를 맞은 후에야 한 출판사에서 책이 출간될 수 있었다.

내가 작가가 되는 데 걸린 세월은 7년이다. 7년이라는 세월은 인생에 있어 너무나 소중한 시간이다. 요즘은 100세 시대라고들 하지만 100세까지 사는 사람들은 그다지 많지 않다. 보통 80세 전후를 살다가 삶을 마감한다. 내가 작가가 되는 데 소요한 7년이라는 시간은 인생의 10분의 1에 해당한다. 너무나 아까운 시간이다. 시간이 갈수록 더욱더 시간의 소중함을 느끼고 있다.

나는 평범한 사람들을 작가, 코치, 강연가, 1인 창업가로 양성하는 코치로 활동하고 있다. 내게 책 쓰는 법을 배우는 사람들은 모두 평범한 직장인들이다. 그들은 나에게서 24년 책쓰기 원리와 기술을 배워 빠르면 일주일에서 한 달 만에 원고를 써낸다. 그리고 출판사와 인세와 계약금 조로 100만 원에서 1,000만 원을 받고 출판 계약하고 있다. 그러고 나면 1~2개월 후 출판사에서 책이 출판된다.

책이 출간되고 나면 그들은 책을 읽은 독자들에게 조언을 해주는 코치로, 기업과 기관, 단체 등에서 강연하는 강연가로 활동한다. 그들 중 많은 이들이 자신의 이름을 내건 온라인 카페를 개설해 1인 창업가로 활동하고 있다. 그렇게 직장에 다닐 때는 상상도 하지 못했던 고수익을 벌고 있다.

나는 이런 생각을 해 본다.

'지금 내게 코칭을 받는 사람들은 한 달 만에 원고를 써서 출판사와 계약해 책을 내는데, 과거의 나는 왜 그렇게 고생하며 세월을 낭비했을까? 물론 그 세월들이 있었기 때문에 지금의 내가 있을 수 있으니 낭비는 아니다. 그러나 만약 내가 1년 만에, 3개월 만에 작가가 되었더라면 내 인생은 얼마나 달라졌을까?'

나는 내가 작가라는 꿈을 이루는 데 걸렸던 7년이라는 시간이 너무나 아깝다는 생각이 든다. 두 번 다시 돌아갈 수 없는 시간들이다. 그래서 나는 사람들이 과거에 내가 했던 시행착오를 겪지 않기를 바란다. 내가 알고 있는 지식과 경험, 노하우를 사람들에게 아낌없이 들려주는 이유다.

모든 사람들은 지금보다 더 나아질 수 있다. 더 크게 성공할 수 있다. 그런데도 그렇게 되지 못하는 이유는 고민이나 문제에 대한 해결책을 찾지 못하기 때문이다. 내가 가고자 하는 길을 먼저 간 성공자에게 조언이나 도움을 구해야 하는 이유다. 혼자의 힘으로 해내려고 하다 보면 시행착오를 겪으며 시간과 열정, 돈을 허비하게 된다.

✖ 지혜 있는 사람은 맹인을 따라가지 않는다

《성경》에 이런 말씀이 있다.

"그들은 맹인이 되어 맹인을 인도하는 자로다. 만일 맹인이 맹인을 인도하면 둘이 다 구덩이에 빠지리라 하시니 (〈마〉 15:14)"

세상에는 맹인들이 참 많다. 겉으로는 전문가, 권위자로 보이는 이들도 그 속을 들여다보면 비슷한 맹인에 지나지 않는다. 지혜 있는 사람은 맹인을 따라가지 않는다. 맹인을 따라가다가는 헤어 나올 수 없는 구렁텅이에 빠지게 된다. 세상에 구렁텅이에 빠져 돈과 시간, 노력을 소모하는 눈뜬 맹인들이 많은 것은 그들이 지혜롭지 못하기 때문이다.

한책협에서 64기 책쓰기 과정을 수료한 김이슬 작가가 있다. 그녀는 2018년 12월 9일 한책협에서 진행하는 책쓰기 1일 특강에 참석했다. 5년 동안 새마을 금고에서 근무하고 있던 그녀는 내 강의를 들은 그날 바로 책쓰기 과정에 등록했다. 그녀는 3년간 취미로 주식을 하고 있었고 나름대로 수익도 창출 중이었다. 나는 그녀에게 과감하게 주식 투자를 주제로 책을 쓰자고 말했다. 내가 주식 투자를 주제로 정해 준 것은 책 출간 후 코칭과 강연, 1인 창업 등으로 고수익을 올릴 수 있다는 판단에서였다. 그녀는 나의 코칭을 받으면서 자신이 갖고 있는 잠재력에 대해 눈을 뜨게 되었다. 한 달 만에 원고를 썼고, 수많은 출판사 가운데 〈위닝북스〉와 출판 계약을 했다. 그리고 《주식투자 이렇게 쉬웠어?》를 펴낸 후 ABC 엔터테인먼트 소속 작가로 활동하며 고수익을 창출하고 있다.

그동안 내게 책쓰기 코칭을 받아 한 달 만에 원고를 쓰고 출판 계약한 사람들은 너무나 많다. 2019년 4월부터 6월 1일까지 책을 출간한 작가들 가운데 몇 명을 꼽아 보겠다.

- 제승욱 작가 《소액부동산 투자가 정답이다》, 《돈 잘 버는 공인중개사는 따로 있다》 2019. 6. 출간
- 정소장 작가 《퇴근 후 1시간 독서법》 2019. 6. 출간

- 박준영 작가 《행복한 결혼생활을 위한 감정공부》, 《욜로 패밀리》
  2018. 6~2019. 6. 출간
- 이하영 작가 《나는 당신이 작은 얼굴을 가졌으면 좋겠습니다》
  2019. 6. 출간
- 이정은 작가 《10년째 영알못은 어떻게 100일 만에 영어천재가 되었을까》, 《100일이면 나도 영어천재 1》, 《100일이면 나도 영어천재 2》, 《100일이면 나도 영어천재 3》 2018. 8~ 2019. 5. 출간
- 박지수 작가 《하루 10분 목소리 트레이닝》 2019. 5. 출간
- 김은희 작가 《10대, 인생을 바꾸는 진로 수업》 2019. 4. 출간
- 구윤영 작가 《자존감 높이는 21일 습관》 2019. 4. 출간
- 김가희 작가 《나는 행복하기로 선택했다》 2019. 4. 출간
- 류지희 작가 《어른이 처음이어도 괜찮습니다》 2019. 4. 출간

이들의 책 제목은 책쓰기 과정 중에 과제를 충실히 잘한 수강생들에게 내가 직접 만들어 준 것들이다. 출판사에서 그대로 책의 제목으로 사용했다. 책장사는 제목 장사라고들 한다. 그만큼 제목이 중요하다는 뜻이다. 내가 수강생들에게 만들어 준 제목이 출판 계약 후 그대로 책 제목으로 달려 출간된다는 것은 나에게 엄청난 내공이 있지 않으면 불가능한 일이다. 출판사에 근무하는 에디터들은 나의 24년 내공이 어느 정도인지 잘 알고 있다. 나와 같은 책쓰기 코칭 내공을 가진 코치에게 책 쓰는 법

을 배운다면 어렵지 않게, 그리고 단 한 달 만에 원고를 써서 출판 계약을 하고 책을 출간할 수 있다.

책 쓰는 법에 대해 코칭하는 일은 아무나 해선 안 된다

현재 책쓰기 코치로 활동하고 있는 이들은 꽤 많다. 이들 가운데 한책협에 책쓰기 코칭을 받으러 왔다가 내가 알려 준 책쓰기 원리와 기술을 가지고 책쓰기를 코칭하는 이들이 대부분이다. 하지만 책 쓰는 법에 대해 코칭하는 일은 아무나 해선 안 된다. 너무나 위험한 일이다. 자신은 돈을 벌고자 코칭하지만 코칭을 받는 사람의 인생은 망가질 수 있기 때문이다. 책쓰기에 있어가장 중요한 뼈대인 목차가 관건이다. 코치 자신도 목차를 못 만들고 원고도 잘 쓰지 못하면서 다른 사람들을 가르칠 수는 없기 때문이다.

나는 모든 사람들이 좋아하는 일을 하며 행복한 인생을 살았으면 한다. 가난에서 벗어나 경제적 자유인이 되기를 바란다. 직장생활만으로는 답이 없다. 현대판 노예, 사축생활을 벗어날 수 없다. 가장 중요한 것은 경험과 지식, 깨달음, 해결책이다. 이를 바탕으로 사업을 해야 한다. 사업을 해야 성취감을 느낄 수 있고 부를 축적할 수 있다.

오죽했으면 《성경》에도 달란트 이야기가 나올까. 《성경》은 마음의 법칙과 의식 변화, 부와 성공에 대한 이야기를 싣고 있다. 지금 이 순간에도 많은 사람들이 자신이 살아온 스토리를 바탕으로 눈부신 인생 2막을 만들어 나가고 있다.

시간 강사의 길이 아닌 프로 강사의 길을 가라

나의 10년 10억보다 나의 월급 10억이 좋은 이유

나의 10년 10억보다
월급 10억이 좋은
이유

어떻게 하면
좀 더 연봉이 높은 곳으로 이직할까?

"왜 하루에 10만 원만 벌어야 하는가?"
"하루에 100만 원, 1,000만 원을 벌면 안 되는가?"

직장인들은 아침에 출근해서 저녁까지 미친 듯이 일한다. 그렇게 시간과 열정, 자유를 팔아서 버는 돈이 하루 일당 10만 원도 채 되지 않는다. 대부분 연봉 2,000만~3,000만 원을 받으며 직장생활을 하고 있다. 세금을 뗀 월급의 실수령 금액은 고작 200만 원 남짓이다. 쥐꼬리만 한 월급은 휴대전화 요금, 방값, 관리비, 교통비, 화장품 값, 밥값을 내고 나면 마이너스가 된다. 카드를 긁어 연명해야 한다. 다음 달 월급은 카드 값을 갚고 나면 남는 게 없다. 악순환이고 반복이다.

그래서일까. 직장인들의 화두는 '어떻게 하면 좀 더 연봉이 높은 곳으로 이직할까?'다. 다들 열심히 일하는 척하고 있지만 어디 더 나은 곳이 없나 하는 생각뿐이다. 나 역시 과거에 그랬다. 현실이 팍팍하고 힘들다 보니 인터넷 구인구직 사이트에서 지금 다니는 직장보다 월급을 더 주는 곳은 없는지 검색해 보곤 했다.

다행인 것은 나는 직장생활만으로는 성공할 수도, 부자가 될 수도 없다는 것을 일찍 깨달았다는 것이다. 나처럼 무스펙에 말까지 더듬는 사람이 성공하는 방법은 세상에 나를 드러내는 것뿐이었다. 나는 책을 써서 성공한 사람들을 찾았다. 세상에는 책을 써서 성공한 사람들이 일일이 열거할 수 없을 정도로 많았다. 그들도 책을 쓰기 전에는 나처럼 지극히 평범한 사람들이었다. 내가 책을 쓰게 된 이유다.

책을 펴내는 순간 평범한 사람이 전문가로 인정받게 된다. 여러분 중에 이런 의문을 갖는 사람도 있을 것이다. '책 한 권 썼다고 전문가가 된다고? 말도 안 돼! 그러면 다 책 쓰게?' 다시 말하지만 책을 펴내게 되면 그 분야의 전문가로 인정받게 된다. 그래서 앞서가는 사람들이나 눈치가 있는 사람들만 책을 쓰는 것이다.

그들은 성공해서 책을 쓰는 것이 아니라 책을 써야 성공한다는 진리를 알고 있다. 그러나 안타깝게도 대다수의 사람들은 내가 아무리 책을 써야 이름이 알려지고 빨리 원하는 바를 성취한다고 말해도 행동으로 옮기지 않는다. 자신들은 아직 크게 해 놓은 것이 없어서 쓸 자격이 안 된다는 것이다. 서점에 가 보면 살면서 실패만 한 사람들이 자신의 스토리를 책으로 펴낸 경우도 적지 않다. 참 아이러니하지 않을 수 없다.

🏃 메뚜기나 다를 바 없는 인생을 살지 마라

며칠 전 40대 초반의 한 대학 강사가 메일을 보내왔다.

"저는 세 군데 대학에서 강의를 하고 있는, 흔히 말하는 보따리 강사입니다. 한 달 수입은 150만 원도 채 되지 않습니다. 수천만 원의 대출을 받아서 박사학위까지 취득했지만 제 현실은 제자리걸음입니다. 이제 정교수가 되겠다는 꿈은 포기한 지 오래예요. 어떻게 하면 저도 지긋지긋한 가난에서 벗어날 수 있을까요?"

사실 이런 메일을 자주 받는 편이다. 나는 강사들의 상황을 누구보다도 잘 안다. 그들은 한 강의에 보통 1만~3만 원 정도의 강의료를 받는다. 그래서 여러 군데 대학을 뛰어다니며 생계를 유지하는 것이다. 메뚜기나 다를 바 없는 인생이다. 그들은 한 달에 여러 개의 대학을 뛰어다녀도 200만 원을 벌지 못한다. 이렇게 살려고 학자금 대출 받아 가며 석사, 박사 학위를 땄나 하는 자괴감이 든다고 말한다.

사실 그들 가운데 대부분이 대학에서 정교수가 되겠다는 꿈을 갖고 있었다. 그러나 막상 박사학위를 취득하고 나면 정교수가 되는 것은 부자가 천국으로 가는 것보다 더 힘든 일이라는 것을 알게 된다. 먹고는 살아야 하니 어쩔 수 없이 보따리 강사의 일이라도 하게 되는 것이다. 나는 그들을 보면 정말 안타깝다. 그들이 석·박사 학위를 취득하는 데 든 시간과 돈, 열정을 책을 쓰는 데 들였더라면 어땠을까 하는 생각이 든다.

이 책을 쓰고 있는 지금 카카오톡이 왔다. 부산에서 부동산학과 교수로 재직하고 있는 제승욱 작가다. 제 작가는 교수들 모임에 나오는 몇 명이 자비출판으로 책을 내는 것을 보고 자신은 제대로 된 책을 내겠다는 생각을 가졌다. 그리고 올해 1월 21일에 한책협에 가입했다. 그러곤 책쓰기 1일 특강에 참석해서 내 강의를 들으며 왜 책을 써야 하는지, 한 달 만에 원고를 쓰고 책을 쓴 후의 삶이 어떻게 달라지는지 등에 대해 알게 되었다. 그러면서 그는 그날 바로 3월에 진행되는 '1박 2일 책쓰기 개인코칭과정'에 등록했다.

'1박 2일 책쓰기 개인코칭과정'은 시간이 없는 사람들을 위한 속성 책쓰기 과정이다. 제승욱 작가는 속성 책쓰기 과정을 마친 다음 날부터 원고를 쓰기 시작해서 한 달 만에 원고를 완성했다. 그리고 〈미다스북스〉 출판사와 인세에다 계약금 100만 원을 받는 조건으로 출판 계약을 했다. 2019년 4월에 그의 책 《소액부동산 투자가 정답이다》가 출간되었다. 그는 책 출간 후 부동산 관련 코칭과 강연을 하고 있다. 그리고 카카오톡으로 두 번째 책 《돈 잘 버는 공인중개사는 따로 있다》가 출간되었다는 소식을 전해 왔다.

"도사님, 안녕하세요. 잘 지내시죠? 제승욱 작가입니다. 도사님 덕분에 두 번째 책이 오늘 예약 판매되었습니다. 6월 17일 출간입니다. 감사합니다. 부산에 오시면 곰장어+회 맛집 안내하겠습니다. 권마담 님이랑 같이 오세요."

제승욱 작가는 나에게 코칭받은 지 3개월 만에 2권의 책을 출간했다. 책이 출간되자 가족들이 너무나 좋아한다고 말했다. 내 생각에는 좋아하는 것 이상일 것이다. 평범한 사람이 단 3개월 만에 책을 2권이나 출간했으니 깜짝 놀랐을 것이다. 제 작가의 부모님은 아들이 기특하고 장하게 여겨졌을 것이고, 배우자는 남편의 든든하고 멋진 모습에 감동했을 것이다. 아이들은 어떨까? 우리 아빠 최고라며 엄지손가락을 치켜들며 환한 미소를 지었을 것이다.

책을 쓰게 되면 자신은 물론 가족 전체가 구원을 받는다. 꿈과 희망을 가지게 되고 앞으로 더 좋은 일들이 일어날 것이라는 암시를 받게 된다. 삶은 그런 기대감으로 달라지고 성장해 가는 것이다.

☄ 시간 강사의 길이 아닌 프로 강사의 길을 가야 한다

그동안 내게 코칭받아 책을 쓴 강사들은 헤아릴 수 없이 많다. 그들은 처음에 막연히 책을 한번 써 볼까 하고 찾아온다. 그러나 나의 책쓰기 비법과 성공학 강의를 듣고 나면 그들의 생각은 달라진다. 그동안 자신이 얼마나 작게 생각하고 작은 꿈을 가졌었는지 깨닫게 되는 것이다. 나도 책을 써서 작가, 코치, 강연가로 살고 싶다는 욕망을 가지게 되는 것이다.

사실 그들이 가난하게 사는 것은 스펙이 부족해서도, 못나서도 아니다. 자신 안에 있는 지식과 경험과 정보, 어떤 주제에 대한 노하우를 밖으로 끄집어내지 않았기 때문이다. 그러니 아무

도 알아주지 않았던 것이다.

책을 쓰는 일은 내가 갖고 있는 지적 자본들을 밖으로 끄집어내는 일이다. 나는 책을 쓰면서 많은 내적 성장을 경험하고 있다. 그동안 내가 알고 있는 지식과 경험과 정보, 삶의 깨달음을 원고로 쓰는 과정에서 화학작용이 일어난다. 새로운 앎과 지혜는 물론 내면이 단단해짐을 느끼게 된다. 그리고 내면에 자리해 있는 어떤 일에서의 상처가 치유되는 것을 경험한다. 책은 브랜딩을 위해서 꼭 써야 한다. 하지만 내면의 치유나 평화, 자존감 회복을 위해서도 반드시 써야 한다고 생각한다.

시간 강사의 길이 아닌 프로 강사의 길을 가야 한다. 당신은 고작 1만~2만 원의 강사료를 벌기 위해 학위를 딴 것이 아니다. 편의점에서 아르바이트를 해도 그보다 더 많이 번다. 지금부터라도 사람들에게 전문가로 인정받고 고수익을 창출하고자 한다면 책부터 써내야 한다. 책은 박사학위 100개보다 더 힘이 세다. 세상에는 당신의 지식과 경험, 노하우, 삶의 깨달음을 원하는 사람들이 많다는 것을 기억해야 한다. 책을 펴내 비용을 받고 그들에게 조언과 컨설팅, 교육을 해 주면 된다. 그러면 갈수록 재미있어지는 삶을 살게 된다. 세상에 선한 일을 하면서 행복한 부자로 살 수 있다.

당신은
메뚜기가 아니라
거인이다

🏃 "당신은 스스로를 어떻게 규정하고 있는가?"

나는 나를 하나님의 아들로 생각한다. 우주 만물을 만드시고 관장하시는 하나님은 우주 최고의 전지전능한 존재다. 그런 아버지의 아들이 '나'라는 사실을 잊지 않는다. 하나님보다 더 부유하고 풍요롭고 사랑이 넘치는 분은 없다. 하나님의 가문에 속하는 나 역시 한계 없이 최고의 삶을 살 수 있는 권리를 타고 났다. 나는 나 자신이 한낱 메뚜기가 아니라 거인이라는 것을 알고 있다.

명령은 언제나 '의식' 안에서 이루어진다. 당신이 무엇을 원하건 의식 안에서 선포하면 완성된다. 즉각 현실에 나타난다. 그동안 당신이 선포했던 것은 과거에 나타났고, 지금 선포하는 것들은 현재나 미래에 나타나게 된다. 당신이 갖고 있고 경험하고 있는 모든 것들은 이렇게 해서 이루어진 것이다.

《성경》의 〈욥기〉에 보면 이런 말이 있다.

"그대가 무언가를 명령하면 그 일이 그대에게 이루어질 것이요, 빛이 그대의 길 위를 비추리라. 그대가 명령하면 나는 그대에게 다가갈 것이요, 빛은 그대의 길을 밝히리라."

당신의 의식이 하나님이다. 하나님은 교회나 절과 같은 어떤 특정한 장소에 계시지 않는다. 하나님은 영적인 존재이기 때문에 모든 만물에 편재해 있다. 우리가 의식 차원에서 어떤 생각을 한다면 그것은 이루어지기 시작한다. 의식 활동이 하나님의 활동이기 때문이다.

나는 살아오면서 버킷리스트를 종이에 썼다. 몇 달 후 혹은 몇 년 후 그것이 실현된 것을 수없이 체험했다. 버킷리스트를 종이에 쓰는 행위가 의식 차원에서 명령하는 것이다. 이 명령은 의식(하나님)이 내리는 명령이기 때문에 우주는 나의 명령을 현실화하기 위해 활동하게 된다. 사람들의 모든 소망은 이렇게 해서 실현된다.

당신은 무기력한 메뚜기가 아니라 위대한 거인이다

스스로를 메뚜기라고 여기는 사람들이 많다. 의식 속에서 메뚜기라고 규정하면 정말 메뚜기의 인생을 살게 된다. 메뚜기 이상의 삶을 살지 못한다. 메뚜기는 아주 약한 곤충에 지나지 않는다. 주위에 온통 포식자들뿐이다. 매 순간 누가 자신을 잡아먹지 않을까 불안해하며 경계해야 한다. 바람 소리에도, 바스락거리는 낙엽 소리에도 심장이 거세게 뛴다. 이런 인생을 사는 사람들이 얼마나 많은가!

자포자기한 채 흘러가는 대로 인생을 내맡기는 무기력한 사람들이 대부분이다. 이들은 작은 어려움에 부닥쳐도 눈앞이 캄캄하고 멘붕 상태가 된다. 문제의 해결책에 집중하기보다 왜 자신에게 이런 일이 생겼는가에 대한 물음만 던질 뿐이다. 자신은 열심히 살았는데, 왜 이런 말도 안 되는 억울한 일을 겪어야 하는지 자괴감에 시달리며 운명을 탓한다.

우리의 내면에는 위대한 잠재력이 잠들어 있다. 잠들어 있는 그 잠재력을 흔들어 깨워서 명령하면 된다. 성경은 의식을 '문'이라고 표현한다. "나는 문이고, 누구든 나를 통해 들어오면 구원받을 것이요, 나를 통해 나가고 들어가면 초원을 찾으리라." 의식은 하나님이다. 의식은 바라는 것이 외부 현실로 나타나게 하는

문이다.

당신이 어떤 것을 인식하든지 간에 인식한 것 모두는 자연스레 현실세계에 나타나게 된다. 당신이 생각한 것을 그대로 받게 된다는 것이다. 그러니 아무리 현실이 힘들고 고통스럽더라도 작고 약한 것을 인식하기보다 크고 위대한 것을 인식해야 한다. 작게 생각하기보다 크게 생각하면 모든 일은 술술 풀리게 된다.

🏃 "당신은 인생이 천국이라고 생각합니까, 지옥이라고 생각합니까?"

나는 인생이 천국이라고 생각한다. 하루하루가 즐겁고 기대된다. 오늘은 또 어떤 일들이 나를 기다리고 있을까. 내일은 또 어떤 근사한 일들이 나를 찾아올까. 이런 생각에 가슴이 설렌다. 내가 가진 지적 자본(경험, 지식, 정보, 지혜, 깨달음, 원리와 비법)을 필요로 하는 사람들에게 대가를 받고 파는 메신저는 나의 천직이다. 아버지 하나님께서 나에게 허락하신 최고의 선물이다. 내가 좋아하는 일을, 좋아하는 사람들과 좋아하는 장소에서 원하는 만큼 할 수 있기에 내 인생은 축제이고 천국이다.

많은 사람들이 인생을 지옥이라고 말한다. 경제적으로나 시간적으로 많은 제약과 고통을 받고 있기 때문에 일상이 지옥으로 느껴지는 것이다. 영혼은 느낌으로 표현한다. 스스로 그런 느낌을 받는다면 마지못해 살고 있다는 뜻이다.

아무리 고달파도 내일에 대한 기대감이 있다면 인생은 지옥이 되지 않는다. 내일에 대한 기대감으로 힘든 오늘을 이겨 낼 수 있기 때문이다. 사람들이 인생을 지옥처럼 사는 이유는 내일에 대한 기대감이 없기 때문이다. 가슴 뛰는 꿈이 없는 탓에 희망마저 없기 때문이다. 꿈이라는 이상이 없기 때문에 사람들은 월급 하나만 바라보고 살아간다. 직장에서 매일 같은 단순한 업무만 하다 보니 생각하는 능력이 퇴화되었다. 상사로부터 부당한 지시를 받거나 모욕적인 말을 들어도 스스로를 무기력한 메뚜기로 규정한 탓에 아무런 대응도 하지 못한다. 마음속으로 수백 번 수천 번 자신에게 모욕감을 안겨 준 상사를 '살인'할 뿐이다.

🏃 사막에서 오아시스를 찾기 위해 안간힘을 쓰기보다 사막을 벗어나라

사람들은 사막에서 오아시스를 찾기 위해 애쓴다. 사막에서 오아시스를 찾는 것은 참으로 고달픈 일이다. 뜨거운 태양 빛에 온몸이 달아오른다. 몇 걸음만 내디뎌도 쓰러져 죽을 것만 같다. 이런 최악의 상황에서 오아시스를 찾는 게 과연 현명한 일일까?

76

과거의 나 역시 오아시스를 찾기 위해 죽을힘을 다해 돌아다녔다. 하지만 아무리 돌아다녀도 오아시스는 찾아지지 않았다. 오히려 사막에서 길을 잃고 더 힘든 갈증과 고통에 시달릴 뿐이었다. 그러다 어느 순간 깨달음을 얻었다. 오아시스를 찾기 위해 알지도 못하는 사막을 이리저리 헤매고 다니는 것보다 사막에서 벗어나야 한다는 것을. 사막을 벗어나 숲이 우거지고 시원한 계곡 물이 흐르는 곳으로 이동해야 한다는 것을 깨달은 것이다.

그 깨달음이 나를 직장이라는 사막에서 벗어나게 했다. 직장은 나 같은 거인이 있을 곳이 아니었다. 하나님의 가문에 속한 나는 앞으로 위대한 일을 할 사람이기 때문에 당장은 불안하고 두렵지만 벗어나야 했다.

나는 내 이름으로 된 책을 쓰기 시작했다. 위대한 사람은 자신을 세상에 드러내는 법을 안다. 나는 책에다 나의 삶과 경험, 깨달음, 지식과 정보, 원리와 비법을 담았다. 나의 스토리를 담은 책이 나오자 사람들이 나를 찾기 시작했다. 기업과 기관, 단체에서는 나를 강연가로 초청하기 시작했다. 독자들은 나를 찾아와 자신이 처한 문제에 대한 답을 구했다. 많은 이들이 내게 자신의 멘토가 되어 달라고 간구했다.

시간이 흐르면서 나는 작가, 강연가에서 코치, 컨설턴트, 1인 창업가로 확장해 나갔다. 인생의 판이 커진 것이다. 지금처럼 한책협은 대한민국 대표 책쓰기, 1인 창업 교육회사가 되었다. 이 책을 읽는 당신이 나의 휴대전화 010.7286.7232로 전화하거나 문자메시지를 보낸다면 조언을 주겠다.

하루라도 빨리 직장이라는 사막에서 벗어나야 한다. 세상에는 내가 좋아하면서 수익을 창출하며 살 수 있는 일이 헤아릴 수 없이 많다. 그런 삶을 사는 것이 젖과 꿀이 흐르는 천국에서 사는 것이다.

✘ 당신은 한낱 미물에 지나지 않는 메뚜기가 아니다

《성경》의 〈이사야〉에 보면 "내 입에서 나간 말도 그러할지니. 그것은 내게 헛되이 돌아오지 않고 내가 기뻐하는 것을 이룰 것이요, 내가 그것을 보낸 곳에서 번성할지다."라는 말이 나온다.

당신은 한낱 미물에 지나지 않는 메뚜기가 아니다. 하나님이 특별한 목적과 계획을 갖고 지으신 특별한 존재다. 하나님의 아들이자 딸이다. 당신은 최고의 경험을 하기 위해 이 지구별에 태어났다. 그 경험은 하나님의 영광을 나타내기 위함이다. 그러니 지금부터라도 스스로를 엄청난 잠재력을 지닌 거인으로 여겨야 한다. 당신의 가치는 100조 원 이상이다. 세상에 당신보다 더 위대하고 가치 있고 특별한 존재는 없다. 당신이 하나님의 가문에 속한 왕이라고 생각하길 바란다.

나의 욕망은
하나님의
말씀이다

🏃 착하게, 검소하게, 분수에 맞게 살아야 한다고?

"검소하게 살아야 하나님이 복을 주신다."

"큰 욕심 안 부리고 착하게 살면 복을 받는다."

"분수에 맞게 살아야지, 그렇지 않으면 하나님이 노하신다."

우리는 어려서부터 어른들로부터 이런 말을 자주 들으며 자랐다. 착하게, 검소하게, 분수에 맞게 살아야 한다는 말을 귀가 아프도록 들었다. 그러다 보니 대부분의 사람들은 어른이 되어서도 이렇다 할 거창한 꿈을 갖지 못한다. 100억 부자가 되거나 수천 명의 직원들을 거느린 기업가가 되거나 세상을 바꾸는 혁신가가 되겠다는 꿈을 가진 사람을 찾아볼 수 없는 이유다. 하나같이 비슷한 생각과 소박한 꿈을 가진 사람들뿐이다. 그들은 누군가 만든 회사에서 연봉 2,000만~3,000만 원을 받으며 소처럼 일만 하고 있다. 그들의 꿈은 일이 좀 더 편하면서 더 많은 연봉을 주는 곳으로 이직하는 것일 뿐이다.

내가 초등학생일 때의 일이다. 각자의 꿈을 발표하는 시간이었다. 한 친구가 '부자'가 되는 것이 꿈이라고 말했다. 그러자 선생님은 그런 꿈 말고 좀 더 현실적인 꿈을 말하라고 했다. 그러자 그는 회사의 '사장님'이 되는 거라고 말했다. 이번에 선생님은 다른 꿈은 없는지 물었다. 친구는 '선생님'이라고 말했고, 그제야 선생님은 환하게 웃으며 멋진 꿈이라고 칭찬했다.

학교에서도, 교회나 성당에서도 욕망은 나쁜 것이라고 가르친다. 자기 분수에 맞는 꿈을 가져야 한다는 것이다. 송충이처럼 평생을 기어 다니며 솔잎만 먹어야 한다고 말한다. 평생을 송충이로 살아온 그들은 알지 못한다. 나비가 되면 이슬과 달콤한 꿀을 먹으며 살 수 있다는 것을 말이다. 학교 선생님들 대부분은 집안 형편 내지 수능 점수에 맞춰서 교대에 입학했을 것이다. 이 말은 과거 그들의 꿈이 교사가 아닐 확률이 높다는 뜻이다. 그들은 큰 꿈을 꾸고 그것을 실현해 본 경험이 없다. 그래서 자신의 기준에 맞춰서 학생들의 미래를 예단해 버리는 오류를 범한다.

교회의 목사들도 마찬가지다. 전부는 아니겠지만 그들 중 대부분이 또박또박 나오는 월급을 받기 위해 총신대학교에 들어가

목사 자격증을 취득한다. 내가 예전에 들었던 이야기로 목사 시험을 칠 때 커닝하는 사람들도 있다는 것이다. 나는 그 이야기를 듣고 웃음을 빵 터뜨렸다.

물론 어느 정도 이해는 간다. 비록 종교 지도자가 되기 위한 시험일지라도 합격하고 싶은 것이 인간의 마음이기 때문이다. 합격하고 싶은 욕망에 정직과 믿음, 신의라는 기반이 무너진다. 문득 이런 생각이 들었다. 목사 시험에 합격하고 싶은 욕망은 타당하고 성공과 부, 물질적인 욕망은 악한 것인가?

욕망은 나쁜 것이라고 주장하는 데는 그만한 이유가 있다. 대부분의 사람들은 우리가 죽으면 하나님께서 심판하신다고 알고 있다. 그렇게 배웠기 때문이다. 그러다 보니 착하게, 검소하게 산 사람들은 천국으로 가고, 이기적이고 큰 욕망을 가지고 산 사람들은 지옥으로 간다고 믿고 있다. 또한 예수를 믿는 사람은 천국으로, 불신하는 사람들은 지옥으로 간다고 믿는다.

종교 지도자들에게 그런 사람들은 좋은 먹잇감이 될 수밖에 없다. 그들은 죽음 이후에 대한 불안과 두려움을 조장해 천국으로 가는 티켓이라며 헌금을 거둬들인다. 안 그래도 팍팍하고 힘든 개미 신도들은 천국에 가기 위해, 하나님께 잘 보이기 위해 쥐어짜서 헌금을 내고 있다.

종교 지도자들은 하나님은 욕망이 있는 자를 좋아하시지 않는다고 말한다. 욕망은 하나님으로부터 화를 부른다며 불안과 두려움을 만들어 낸다. 불안과 두려움에 빠진 사람들은 그들의 말을 잘 따르게 된다. 결과적으로 그들은 뜻하는 바를 쉽게 이룰 수 있다.

🏃 하나님은 나는 네가 원하는 것을 원한다고 말씀하신다

내가 가지는 욕망은 하나님의 말씀이다. 하나님은 나를 통해 이루고 싶은 것을 이루신다. 하나님께서 역사하시는 방법 가운데 하나가 우리의 욕망을 통하는 것이다. 크게 성공한 사람일수록 하나님의 말씀을 잘 실천한 사람이다. 꿈은 강한 욕망을 불러일으키고 앞으로 나아가는 추진력이 되어 준다. 물론 그 과정에서 보통 사람들은 경험하지 못하는 시련들을 만나게 된다. 그러나 욕망은 시련들을 극복하고 전진하도록 이끄는 동력이 된다. 그리고 마침내 성공이라는 정상에 도달하게 된다.

여기서 알아 둬야 할 것은 처음 시작부터 끝까지 줄곧 하나님께서 함께한다는 것이다. 하나님은 우리의 '육신'이라는 성전에 계시면서 끊임없이 '느낌'과 '영감'과 '욕망'으로 우리를 자극하고 채찍질하신다. 하나님께서 실시간으로 건네는 말씀을 잘 알아차려야 한다. 세상의 시끄러운 소음에 파묻혀 살다 보면 하나님의 말씀에 귀 기울일 수 없다. 그래서 대부분 평범하게 살아가는 것이다.

평범하게 사는 사람은 하나님께서 원하는 것을 실천하지 않는 사람이다. 자신의 내면에 귀 기울이기보다 세상의 소음에 귀 기울인다. 그렇기 때문에 대중이 가는 길을 따라간다. 하나님께서는 끊임없이 느낌과 영감과 욕망으로 인도하지만 알아차리지 못한다. 많은 사람들이 가는 길이 넓고 안전하다고 여긴다. 그래서 대중이 가는 길을 택한다. 그 결과 자신의 인생이 아닌 남의 인생을 살게 되는 것이다. 붕어빵과 같은 모습으로 인생을 소비하고 만다.

《성경》에 보면 "좁은 문으로 들어가라. 멸망으로 인도하는 문은 크고 그 길이 넓어 그리로 들어가는 자가 많고 생명으로 인도하는 문은 좁고 길이 협착하여 찾는 이가 적음이니라(《마태복음》 7:13-14)"라는 문구가 있다. 세상을 바꾼 사람들은 좁은 길로 갔던 사람들이다. 물론 좁은 길은 많은 사람들이 다니지 않기 때문에 험난하다. 그렇지만 개성적인 것, 남다른 것을 좋아하는 하나님께서는 우리에게 좁은 길로 가야 한다고 말씀하신다. 그런데 이 말씀에 귀 기울이는 이는 극히 드물다. 그래서 극소수의 사람들만이 크게 성공하게 되는 것이다. 이들은 세상의 잡음이 아닌 자신의 내면의 소리에 집중했던 사람들이다.

✯ 하나님의 말씀을 알아차리고
그대로 실천하자 새로운 삶이 펼쳐졌다

나는 어려서부터 말더듬이 심했다. 친구들과 말하다가 막히거나 더듬거리곤 했다. 특히 화가 나거나 억울한 일을 겪을 때는 흥분되어 말더듬이 심해졌다. 말더듬이 심하자 사람들은 내 말을 잘 알아듣지 못했다. 사람들은 내 말을 신뢰하기보다는 상대의 말을 신뢰하곤 했다. 안 그래도 억울한데 더 억울한 상황이 되어 가슴이 답답해서 터질 것 같은 일들을 많이 겪어야 했다. 그때 나는 아무리 진실을 말하더라도 말하는 사람의 목소리와 말투에 따라 진실이 거짓으로 뒤바뀔 수도 있다는 것을 알게 되었다. 참 억울하면서 슬프다는 생각이 들었다.

나는 서른 초반까지 말더듬에 대한 콤플렉스를 갖고 있었다. 그러다 말더듬을 고치기 위해 TV에 출연해서 강연을 하겠다는 욕망을 가졌다. 종이에 쓰면 이루어진다는 것을 알고 있었다. 그래서 A4 용지에다 'KBS 〈아침마당〉과 JTBC TV 특강 〈행복 플러스〉에 출연하기'라고 적었다. 그러곤 냉장고 문과 벽에다 붙여두었다. 하루에도 수십 번 내가 방송에 나가서 책 쓰는 법과 노하우에 대해 특강하는 상상을 했다.

그러자 정말 믿을 수 없는 일이 일어났다. 내가 그토록 간절하게 출연하고 싶어 했던 두 군데의 방송 프로그램에서 나를 초

대해 준 것이다. 그렇게 방송 출연의 꿈을 이루었다. 그 후로 말더듬에 대한 콤플렉스에서 벗어날 수 있었다. 방송 출연이라는 나의 욕망은 하나님께서 원했던 욕망이었다. 하나님께서는 내가 말더듬으로 고통스러워한다는 것을 아시고는 TV 프로그램에 출연해서 말더듬을 극복했다는 것을 증명해 보이라고 하신 것이다. 나는 하나님의 말씀을 알아차리고 그대로 실천했다. 그러자 새로운 삶이 펼쳐졌다.

욕망은 절대 나쁘지 않다. 악하지도 않다. 욕망이 없었더라면 지금의 내가 있을 수 없다. 어린 시절 우리 집은 동네에서 가장 가난했다. 부모님은 아침 일찍 공장으로 나가셨다가 밤 10시가 넘어서 피곤한 모습으로 집에 오시곤 했다. 며칠에 한 번씩 이웃집으로 돈을 빌리러 다니셨다. 월급날에 빌린 돈을 다 갚아 주고 나면 남는 돈이 없어 허탈해하시곤 하셨다.

아버지는 평생을 가난하게 사시다가 내가 20대 후반일 때 갑자기 세상을 등지셨다. 그렇게 우리 가족은 준비가 안 된 채 아버지의 죽음을 맞았다. 가슴이 찢어지는 고통이 어떤 것인지 그때 알았다. 지금도 응급실에서 목이 마르다며 집으로 가고 싶다고 하시던 아버지의 모습이 생생하게 떠오른다.

어려서부터 가난으로 고통 받는 부모님의 모습들을 보면서 나는 성공과 부에 대한 욕망을 가지게 되었다. 그 욕망은 나를 작가로, 코치로, 강연가로, 사업가로 만들었다. 그렇게 가난했던 시절이 있었기 때문에 나는 지금과 같은 150억대의 자산가가 될 수 있었다. 하나님께서는 나에게 큰 욕망을 가져야 한다고 말씀하셨다.

"태광아, 네가 그 욕망을 하나하나씩 실현해 나갈 때 내가 큰 영광을 보노라. 너 혼자서 계획하고 실행하는 것이 아니다. 나는 언제나 너와 함께하고 있다. 너는 나의 작은 목소리에도 귀 기울였고 의심하지 않고 행동하였다. 그렇기 때문에 남들은 직장생활을 하며 경제적으로 힘들어할 때 너는 원하는 모든 것들을 이룰 수 있었다. 남들을 돕는 지금의 위치에 설 수 있었다."

나의 아버지 하나님께서는 내게 끊임없이 말씀하신다. 내가 느끼는 어떤 느낌과 영감이 하나님의 '말씀'이다. 느낌과 영감은 내게 더 큰 욕망을 꿈꾸게 한다. 욕망은 그동안 내가 이룬 것들보다 더 큰 것들을 실현할 수 있다는 확신으로 이어진다. 나는 욕망이 생겨날 때마다 '하나님께서 나로 인해 더 큰 영광을 보시려고 하시는구나'라고 생각한다.

나는 하나님께서 세상에 보내신 '빛의 일꾼'이다. 나는 지금껏 그러했듯이 하나님이 이끄시는 대로 시간과 에너지를 쏟을 것이다. 나로 인해 하나님께서 영광을 받으시고, 세상이 조금이라도 더 밝아진다면 이보다 더 큰 기쁨과 보람이 어디 있겠는가.

기도할 때
이미 받았다고
믿어라

당신은 그동안 몇 번이나
기도 응답을 받았는가?

나는 살아오면서 내가 바랐던 기도에 대한 응답을 모두 받았다. 과거 나는 누구보다 비참한 삶을 살아야 했다. 내가 가장 원했던 것은 경제적으로 자유인이 되는 것이었다. 20대 시절에는 서울 영등포에 위치한 고시원에서 살면서 막노동을 하며 생계를 유지했다. 새벽녘까지 원고를 썼고 서너 시간만 자고 막노동을 하러 공사 현장으로 향했다. 3년 반을 목숨 걸고 노력한 끝에 출판사와 출판 계약을 하게 되었다.

고향인 대구에 내려와 간신히 구한 직장은 달서구에 위치한 〈푸른〉신문사였다. 70만 원의 월급에 4대 보험조차 적용되지 않왔다. 그럼에도 불구하고 끼니를 걱정하지 않아도 된다는 것과 월세 17만 원을 낼 수 있다는 것에 안심이 되었다. 퇴근 후 라면 으로 급히 저녁을 해결하고는 바로 원고를 썼다. 새벽 1~2시까 지 원고 쓰기에 매달렸다. 당시 내가 기댈 수 있는 것은 오로지 꿈뿐이었다.

동네에서 가장 가난했던 우리 집에는 거액의 빚이 있었다. 아 버지는 대구 달성군 달성공단에 위치한 아파트에서 경비원으로 일하시며 70만 원 정도의 월급을 받으셨다. 전문대를 졸업한 나 는 남들에게 내세울 수 있는 스펙 하나 없었다. 말까지 더듬었기 에 자존감까지 바닥이었다. 이런 내가 성공할 수 있는 길은 베스 트셀러 작가가 되는 것뿐이라고 믿었다.

당시 나는 다음과 같은 소망을 A4 용지에 적어서 방 여러 곳 에 붙여 두었다. 지갑에도 넣어 다니면서 문득 삶이 힘든 나머지 죽고 싶어지거나 미래에 대해 불안감이 들 때 읽어 보며 마음을 다잡았다.

첫째, 나는 베스트셀러 작가다!
둘째, 내가 펴낸 책들의 저작권이 해외 여러 나라에 수출되어 책으로
  출간된다.
셋째, 10년 후 연 수입 30억 원이 넘는 작가, 코치, 강연가가 된다.
넷째, 나는 벤츠, BMW와 같은 외제차를 타고 다닌다.

다섯째, 나 혼자의 힘으로 집의 빚을 모두 갚는다.

여섯째, 수많은 사람들이 내가 쓴 책을 구입하기 위해 서점으로 몰려
든다.

일곱째, 나의 저자 사인회, 저자 강연회에 많은 사람들이 줄지어 서 있다.

여덟째, 내 이름으로 된 아파트와 여러 채의 건물을 소유하고 있다.

나는 출근 전과 퇴근 후 소망이 적혀 있는 종이를 수시로
보았다. 읽으며 중얼거리곤 했다. 내가 바라는 모습이 이미 이루
어진 것처럼 생생하게 상상했다. 직장에서 일할 때도 습관적으
로 나의 소망을 생각했다. 그것이 이루어진 결과를 생각했다. 서
른이 넘어서도 이런 나만의 의식은 계속되었다. 이 과정에서 내
가 바라는 것은 곧 성취된다는 믿음이 더욱 단단해졌다. 내가
바라는 것들이 현재 나에게로 다가오고 있다는 예감이 들기 시
작했다.

시간이 지난 후 적혀 있었던 소망들은 모두 이루어졌다. 20대 후반에 아버지가 갑작스레 돌아가신 후 남은 거액의 빚을 나 혼자의 힘으로 다 갚았다. 원고를 써서 여러 출판사에 투고하면 앞다투어 나와 출판 계약을 하기 위해 계약금부터 입금하는 곳들도 생겨나기 시작했다. 책이 출간된 후 교보문고에서 진행한 저자 강연회에 100명 이상의 사람들이 책을 구매 후 사인을 받기 위해 줄지어 서 있는 진풍경이 연출되었다. 소망한 대로 BMW, 벤츠, 벤틀리, 포르쉐, 람보르기니, 페라리, 레인지로버 등의 차를 소유하게 되었다. 지금의 나는 내 이름으로 된 아파트와 호텔, 여러 채의 건물과 상가, 오피스, 제주 공항 근처에 위치한 땅 등을 소유하고 있다. 지금처럼 부유하게 살 수 있는 것은 기도의 응답을 받는 비법을 알고 있었기 때문이다.

🏃 하나님과 우주가 응답하는 기도 방법은 따로 있다

《성경》의 〈마태복음〉에 보면 "너희가 기도할 때에 무엇이든지 믿고 구하는 것은 다 받으리라 하시니라."라는 말이 있다. 내가 개인적으로 좋아하는 문구다. 나는 내가 바라는 것은 내 안의 하나님이 바라시기 때문이라고 생각한다. 하나님이 바라시기 때문에 소망하는 것들은 무조건 실현될 수밖에 없다.

눈에 보이는 모든 것은 지금까지 없었던 것이 새로 생겨난 것이 아니다. 영적인 세계에 이미 있는 것을 마음의 눈을 떠 보았기 때문에 그것이 창조된 것이다. 원하는 것이 무엇이든 그것을 이미 받았다는 생각으로 소망하고 기도해야 한다. 그러면 하나님께서 이루어 주신다.

사람들은 절이나 교회, 성당과 같은 종교시설에서 열심히 기도한다. 그러나 그들의 기도는 대부분 실현되지 않는다. 그들이 우주의 법칙을 모르고 기도하기 때문이다. 하나님과 우주가 응답하는 기도 방법은 따로 있다. 응답받는 기도를 하려면 우주가 우리의 생각과 말과 감정에 반응한다는 것을 알아야 한다. 기도할 때는 무조건 현재완료형이어야 한다. 대부분 이런 식의 기도를 한다.

"부자가 되고 싶어요."
"저도 성공하고 싶어요."
"좋은 사람 만나 결혼하고 싶어요."

"부자가 되고 싶어요."라고 기도한다는 것은 "지금 나는 가난한 사람이다."라고 인정하는 것이다. 우주는 가난한 사람에게는 계속 가난이 이어질 수밖에 없는 상황들을 만들어 낸다. 우주에는 과거도 미래도 없다. 오로지 '현재'뿐이다. 우리 모두는 천국에서 지구별로 잠시 내려온 존재들이다. 천국에선 어떤 소망이든 원하는 것이 있으면 즉각 이루어진다. 마찬가지로 우주 역시 현재뿐이니 소망을 현재완료형으로 빌어야 한다.

"나는 부자가 되었습니다. 행복합니다."
"나는 성공했습니다. 행복합니다."
"나는 내가 바라는 사람을 만나 결혼했습니다. 행복합니다."

우주는 스스로 자신을 부자라고 생각하고 믿는 사람을 실제 부자로 여긴다. 그래서 더 큰 부자가 될 수 있는 기회와 환경을 제공하게 된다. 삶이 힘들거나 경제적으로 고통 받는 사람들은 가장 먼저 스스로를 부자, 성공자로 여겨야 한다. 자신의 소망을 실현한 모습을 상상했을 때 어색하지 않고 자연스럽다면 잠재의식에 깊이 새겨졌다는 뜻이다. 이런 소망은 단기간에 실현된다.

기도의 시작과 끝은 믿음이어야 한다

나는 내가 운영하고 있는 네이버 카페 한책협의 2만여 명의 회원들이 남기는 글들에 "모두 이루어짐!", "100배로 축복합니다!", "이미 나았음!", "성공했음!", "부자가 되었음!" 등의 현재완료형 댓글을 단다. 카페에 올라오는 글들도 긍정적인 데다 댓글 역시 긍정적이기 때문에 강한 성공의 기운을 느낄 수 있다. 한번 가입해서 활동하게 되면 알 수 없는 미묘한 분위기에 매료되어 중독되고 만다.

《성경》의 〈마태복음〉에 이런 말이 있다.

"내가 진실로 너희에게 이르노니 만일 너희가 믿음이 있고 의심치 아니하면 이 무화과나무에게 된 이런 일만 할 뿐 아니라 이 산더러 들려 바다에 던지우라 하여도 될 것이요."

세상에 드러난 모든 것들은 믿음으로 말미암아 되었다. 겨자씨만 한 믿음만 있다면 지금 당신에게 제약을 가하는 것들은 안개처럼 사라진다. 완전한 믿음에는 저 산을 바다로 옮길 수도 있는 마력이 있기 때문이다. 모든 창조의 시작과 과정, 끝에는 믿음이 있어야 한다.

지금부터는 소망하는 것들을 현재완료형으로 이미 그것이 실현되었다고 선언해야 한다. 구체적이면서 간결하게 우주에 주문을 해 보자. 그러면 우주는 당신의 소망을 들어주기 위해 분주하게 활동하기 시작한다. 마지막으로 기도의 시작과 끝은 믿음이어야 한다는 것을 기억해야 한다.

짧은 기간에
원하는 결과를
만드는 법

🏃 천재 코치는 어렵고 복잡한 것을
단순화시킬 줄 아는 사람이다

천재 코치와 둔재 코치의 차이점을 알고 있는가?

나는 천재 코치와 둔재 코치의 차이점을 알고 있다. 천재 코치는 자신의 분야에서 독보적인 경지에 오른 사람이다. 그동안 수천 번의 시행착오를 통해 자신만의 원리와 비법을 체계화시켰다. 복잡한 것을 쉽고 간단하게 설명한다. 어린아이조차 쉽게 이해시킬 수 있다. 둔재 코치는 보통 사람들보다 조금 더 지식이 있을 뿐이다. 그러다 보니 자신조차 원리와 비법이 제대로 갖춰져 있지 않다. 때문에 쉬운 것조차 어렵고 복잡하게 설명한다. 들으면 들을수록 머릿속이 더 복잡해진다. '내가 할 수 있을까?'라는 두려움으로 가득 차게 된다.

천재 코치는 어렵고 복잡한 것을 단순화시킬 줄 아는 사람이다. 이런 코치에게 배우면 둔재 코치에게 10년을 배워서 알게 되는 비결을 단 몇 시간 만에 알 수 있다. 시간과 에너지, 비용을 아낄 수 있다. 대부분의 사람들은 무조건 노력하면 성공한다고 생각한다. 이는 어리석은 생각이다. 방법을 모른 채 하루 1시간만 자고 나머지 23시간을 뼈 빠지게 노력한다고 해서 성공할 수 있는 것이 아니다. 그러나 원리와 비법을 알고 있는 그 분야의 천재 코치에게 제대로 배우면 하루 1시간만 노력하고 23시간을 놀고, 먹고, 자도 단기간에 원하는 위치에 오를 수 있다.

《성경》의 〈로마서〉에 보면 "자녀이면 또한 상속자 곧 하나님의 상속자요, 그리스도와 함께한 상속자니"라는 말이 있다. 사람은 자신을 낳아 준 부모로부터 상속을 받을 권리가 있다. 이는 육적인 측면을 말한다. 영적인 측면에서 보면 우리는 영혼의 부모인 하나님으로부터 유업을 상속받을 권리가 있다. 예수 그리스도와 함께 우리 역시 하나님의 아들딸로서 상속자이기 때문이다.

하나님의 자녀는 그리스도의 의식을 가진 자여야 한다. 그리스도의 의식은 원하는 것이 이미 내 것으로 주어졌다는 믿음을 가짐으로써 성취하게 한다. 그리스도의 의식을 가진 자는 보이지 않는 데서 마치 보이는 것같이 부른다. 하나님의 자녀들은 모두 최고의 삶을 살아갈 권리가 있다. 그런데도 과거의 나는 그렇지 못했다. 지금과 같은 위치에 오기까지 24년 동안 얼마나 많은 자살 충동을 느껴야 했는지 이 글을 읽는 사람들은 알지 못한다. 가난이 주는 모욕감과 억울함, 고통을 뼈저리게 느껴야 했다.

내가 유튜브 〈김도사TV〉에 성공의 원리와 비법을 공개하는 이유

학창시절, 교과서와 참고서를 달달 외워서 좋은 성적은 거둔 친구들은 좋은 대학에 들어갔다. 그들은 공무원이 되거나 대기업에 입사했다. 그러나 나는 연봉 높은 곳에 취직하려는 그들의 삶과 다른 삶을 살고 싶었다. 내가 다른 삶을 살 수 있었던 것은 가난한 환경에서 피어난 '꿈' 때문이다. 시인이 되기 위해 3년 동안 하루도 빼먹지 않고 시를 썼다. 수많은 시집들을 읽으면서 시어를 연구하고 분석했다. 그렇게 지독하게 노력한 결과 여러 개의 문학상을 받으며 시인이 되었다.

그러나 그토록 원했던 시인이 되었지만 삶은 달라지지 않았다. 가끔 문학지에서 시를 보내 달라는 청탁을 받을 뿐이었다. 시 게재에 대한 원고료는 없었다. 수입이 없었다. 당시의 나는 시 쓰는 거지였다. 친구들에게 밥을 얻어먹고 술을 얻어 마셨다. 친구들에게 미안했고 창피스러웠다. 그들에게서 내가 상처를 덜 받는 방법은 만남의 횟수를 줄여 가는 것이었다.

나는 시인의 꿈에 이어 작가의 꿈을 꾸었다. 책을 써서 사람들에게 인정받고 존중받는 작가가 되고 싶었다. 유명 저자들처럼 책 출간 후 강연도 하고 싶었다. 인세도 두둑하게 받고 대형서점에서 저자 강연회도 개최하고 싶었다. 부모님과 형제들, 친구들, 지인들 앞에서 멋있는 모습으로 나의 책에다 사인해 주고 싶었다. 이런 상상을 할 때마다 내 가슴은 뜨거워졌다.

강한 열정으로 매일같이 원고를 썼다. 비가 오나 눈이 오나 바람이 부나 마음이 슬프거나 우울해도 원고를 썼다. 두툼해진 원고를 출판사에 투고했지만 내 바람과는 달리 회신은 '거절'이었다. 자기네와 맞지 않는 형식의 원고라는 것이었다. 그러면서 자신들보다 더 나은 출판사와 계약하기를 바란다는 인사치레는 빠뜨리지 않았다.

나는 좌절했고, 절망했다. 내 마음속에선 희망과 절망의 바람이 심하게 불어 댔다. 나는 자주 빈 속에 소주를 마셨고 자주 울었다. 죽고 싶었다. 몇 번은 커터 칼로 손목을 그었던 적도 있었다. 상처가 심하지 않아 피만 났을 뿐 죽지는 않았다. 자고 일어나면 방바닥에 피가 굳어 있었다. 그제야 나는 내가 술을 마시고 자살을 시도하려고 했다는 것을 알게 되었다.

나는 3년 반 동안 500번 가까이 출판사들로부터 거절을 당한 후에야 출판 계약을 할 수 있었다. 내 이름으로 된 책을 출간하기까지 7년 정도의 시간이 걸린 것이다. 내 인생의 10분의 1 정도를 소비한 것이다.

지금에 와서 보니 어떻게 하면 원하는 것을 최단기간에 성취할 수 있는지가 훤히 보인다. 내가 책 한 권을 출간하기 위해 7년의 시간과 노력을 들이게 된 것은 최고의 코치에게 배우지 않고 나 혼자서 했기 때문이다. 시행착오를 겪으며 하나씩 조금 더 잘되는 법을 배우다 7년이라는 소중한 시간을 허비해 버린 것이다.

지금 내게 배우는 대부분의 사람들은 1개월 만에 원고를 쓰고 출판사와 계약하고 있다. 59기 박혜진 작가는 역사에 대한 원고를 1개월 만에 쓰고 출판사에 투고했다. 그런데 바로 여러 군데 출판사에서 계약하자는 회신이 왔다. '1박 2일 과정'을 수료한 김순선 작가와 57기 정지웅 작가도 1개월 만에 원고를 쓰고 출판사에 투고했다. 그리고 단 몇 분 만에 수십 군데의 출판사들로부터 계약하고 싶다는 요청을 받았다. 김순선 작가는 〈글라이더〉 출판사와 출판 계약을, 정지웅 작가는 〈미다스북스〉와 출판 계약을 했다.

2019년 1월부터 12월까지 1년 동안 계약자수 184명이 원고를 쓰고 계약금 100만 원의 최고의 조건으로 출판 계약에 성공했다. 사실 평범한 사람들이 1개월 만에 원고를 써내는 것도 대단한 일이다. 그런데 출판사로부터 인세와 계약금을 받고 계약한다는 것은 기적과 같은 일이다.

그러나 이런 일은 내가 가르치는 수강생들에게는 일상이다. 매주 여러 명의 사람들이 한 달 만에 원고를 다 썼다는 소식과 출판사와 계약했다는 소식, 코칭과 강연, 1인 창업으로 고액의 수익을 창출했다는 소식을 보내온다. 이런 일이 가능한 이유는 24년 동안 책쓰기와 1인 창업을 연구해 온 천재 코치인 내게서 제대로 배웠기 때문이다. 내게서 배운 수강생들은 혼자서 원고를 쓰거나 둔재 코치에게 배우는 사람들이 수년을 온갖 고생을 할 때 단 한 달 만에 바라는 목표에 도달한다. 그리고 작가를 넘어 코치, 강연가, 컨설턴트, 1인 창업가의 삶을 계획하고 준비해 나간다.

지금의 나는 당당하게 고백할 수 있다. 만약 내가 과거로 돌아갈 수 있다면 그 분야 최고의 천재 코치에게 배울 것이다. 비용이 얼마가 들더라도 그에게 배워 24년 후에야 알 수 있는 것들을 몽땅 전수받을 것이다. 7년이나 걸려서 출간했던 책을 1개월 만에 써내고, 코치, 강연가, 1인 창업가로 활동해서 1년에 수십억 원을 벌 것이다.

그동안 내가 걸어오면서 알게 된 책쓰기 비법과 돈 버는 법, 가장 빨리 성공하는 법을 유튜브 〈김도사TV〉에서 영상으로 공유하고 있다. 많은 이들이 영상을 보고 한책협에 가입하고 자신의 소망을 실현하고 있다.

🏃 비용이 얼마가 되더라도
그 분야의 최고의 코치에게 배워라

나는 매 순간 나 자신이 하나님의 아들이라고 여기고 있다. 나는 지금껏 그랬던 것처럼 내가 소망하는 것들을 하나씩 실현해 나갈 것이다. 천국에서 지금의 삶을 계획할 때 바랐던 후회 없는 삶을 만들어 갈 것이다. 인생은 시간으로 이루어져 있다. 최고의 성공은 최단기간에 원하는 것을 얻는 것이다.

《성경》의 〈마태복음〉에 이런 문구가 있다.

"너희는 먼저 그의 나라와 그의 의를 구하라. 그리하면 이 모든 것을 너희에게 더하시리라."

우리는 의식을 영적인 단계까지 높여야 한다. 그 단계까지 높인다면 모든 일은 영적인 세계에서 이미 이루어져 있다는 것을 깨닫게 된다. 예수께서 "아버지여, 항상 제 기도를 들어주셔서 감사합니다."라고 말한 것은 의식 안에서 선포한 것들이 모두 실현되었다는 것을 알았기 때문이다. 예수처럼 참된 생각을 구하고,

선포하고, 믿어야 한다.

과거의 나처럼 온갖 시행착오를 겪으며 허송세월해선 안 된다. 미련한 인생을 살지 말아야 한다. 인생에서 가장 소중한 것은 두 가지다. '나 자신'과 '시간'이다. 이 두 가지를 잃는다면 온 천하를 가진다고 해도 소용없다. 비용이 얼마가 되더라도 그 분야의 최고의 코치에게 배워야 한다. 돈보다 시간을 벌어야 한다는 뜻이다. 단기간에 모든 원리와 비법을 전수받아 원하는 만큼의 돈을 벌면 되는 것이다. 천재 코치에게 배운다면 돈과 시간, 나 자신을 잃지 않으면서 금세 원하는 목표에 도달할 수 있다. 반대로 둔재 코치에게 배우게 되면 시간과 돈은 물론 나 자신까지 잃게 될 것이다.

당신이 천재 코치 김도사를 찾아온다면 나는 하나님의 이름으로 목숨 걸고 코칭할 것이다. 당신이 나로 말미암아 더 큰사람이 될 수 있도록 영혼을 다해 도울 것이다.

하나님은
내 안에
계신다

그것이 실현되었다고 믿는다면 즉각 실현된다

대부분의 사람들은 하나님은 특정한 장소에 계신다고 믿는다. 사람들이 교회나 성당과 같은 종교시설을 찾는 이유는 그곳에 하나님이 계신다고 믿기 때문이다. 수많은 기독교인들이 매주 교회를 찾아 울부짖으며 통성 기도를 한다. 그들은 소중한 시간과 피땀 흘려 번 돈을 고스란히 헌금이라는 명목으로 교회에 바친다. 그럼에도 불구하고 왜 그들의 삶은 나아지지 않는 것일까? 너무나 많은 이들이 같은 날 비슷한 시간대에 교회를 찾기 때문에 하나님이 그들을 일일이 기억하지 못하는 것일까?

행복하게 살거나 성공하는 인생을 사는 것과 헌금은 아무런 상관이 없다. 다만 헌금을 기분 좋게 내게 되면 감정이 충만한 상태가 된다. 이 충만한 감정이 좋은 운을 끌어당기는 역할을 하는 것이지, 내가 낸 헌금이 운을 끌어오는 것은 아니다.

하나님은 당신이 생각하는 그런 외적인 존재가 아니다. 하나님은 우주의 실체이자 우주의 대원리다. 하나님은 만물 속에 편재해 계신다. 우리가 매 순간 들이쉬는 공기에도, 우리가 마시는 물에도, 길가의 돌멩이, 나무의 나뭇잎 등 우리의 시선이 가 닿는 모든 곳에 계신다. 특히 하나님은 인간의 내면에 거하시면서 상념 작용을 통해 활동하신다. 그렇기 때문에 굳이 우리가 종교시설에 가서 하나님을 찾을 필요가 없다.

하나님은 인간과 같은 형상을 가진 존재가 아니다. 우주의 대원리이자 정신이기 때문에 형체가 없다. 하나님은 '영'이시기 때문에 우리의 내면뿐만 아니라 모든 곳에 편재해 계신다. 당신이 어떤 생각을 하건, 말을 하건, 행동을 하건 하나님은 모든 것을 알고 계신다. 우리와 하나이기 때문이다. 굳이 종교시설에서 울부짖으며 통성 기도를 할 필요가 없다는 말이다.

진리를 깨달은 사람은 자신의 내면에 하나님이 계신다는 것을 알고 있다. 원하는 것이 있으면 외부의 장소가 아닌 내면의 골방(의식)으로 들어간다. 골방의 문을 걸어 잠그고 나지막한 소리로 자신의 소망이 이루어졌다는 선포를 한다. 나 역시 의식 안에서 하나님께 이렇게 기도한다.

"아버지 하나님, 언제나 저의 기도를 들어주셔서 감사합니다."

소망하는 것의 크기가 크든 작든 간에 믿음은 그것을 이루게 한다. 소망이 실현되었다고 믿는다면 즉각 실현된다. 하나님에게는 그 어떤 것도 제약이 되지 않는다. 우리는 10만 원을 버는 것보다 10억 원을 버는 것이 더 어렵다고 여긴다. 그러나 하나님의 관점에선 10만 원과 10억 원은 같은 액수다. 하나님이 원하신다면 액수가 얼마가 되었건 즉각 현실에 나타난다.

절대 하나님을 인간의 고정관념으로 생각하거나 판단해선 안 된다. 사람들의 삶이 나아지지 않는 가장 큰 이유가 하나님을 인간적으로 여기기 때문이다. 하나님은 결핍, 가난, 질병, 한계, 손실, 악, 고통, 슬픔과는 전혀 상관없다. 이런 것은 진리를 깨닫지 못한 인간의 맹점일 뿐이다. 진리를 깨달은 사람들은 알고 있다. 자신이 바라는 것이 무엇이건 의식 수준을 영적인 수준에까지 높인다면 그것이 바로 실현된다는 것을.

✖ 하나님은 당신이 원하는 것을 원하신다

그동안 나는 하나님의 말씀이 적혀 있는 《성경》과 우주의 법칙을 공부해 왔다. 단기간에 삶이 변화되기를 바라는 사람은 반

드시 《성경》을 공부해 먼저 의식의 변화를 겪어야 한다. 진리를 아는 사람이 되어야 한다는 말이다.

　나는 의식을 가진 존재가 사는 별이 지구뿐이라고 생각하지 않는다. 하나님은 우주라는 공간을 낭비하실 분이 아니다. 나는 하나님이 헤아릴 수 없이 많은 우주의 행성에 의식을 가진 우리와 같은 존재를 창조하셨다고 믿는다. 나는 오랫동안 《성경》과 우리보다 1만 년 이상이나 진화된 의식을 가진 외계인을 공부해 왔다. 그 과정에서 많은 깨달음을 얻었다. 아래는 그동안 내가 얻은 깨달음 가운데 열다섯 가지를 정리한 것이다.

첫째, 《성경》은 우주의 법칙이 담겨 있는 최고의 성공서다.

둘째, 지구는 우주의 법칙에 귀속되어 있기 때문에 지구에서 성공하려면 먼저 우주의 법칙부터 알아야 한다.

셋째, 모든 것은 마음속에서 외부 현실세계로 나타난다.

넷째, 살아서 악한 사람은 죽어서도 사람들을 괴롭히는 지박령, 악귀가 된다.

다섯째, 가난한 사람들은 돈이 없어서 가난한 것이 아니다. 돈에 대한 잘못된 사고를 갖고 있기 때문에 가난해진 것이다.

여섯째, 하나님은 존재한다. 하나님은 절이나 교회, 성당에 계시지 않는다. 우리 안에 계시고 보이는 모든 만물에 거하신다. 우리가 어떤 생각을 하든지, 어떤 행동과 말을 하든지 하나님이 아시는 이유다. 하나님은 내 안에 계시고 나는 하나님 안에 있다. 우리는 하나이나 하나님은 나보다 더 위대한 분이시다.

일곱째, 외계인들은 종교를 믿지 않는다. 아니 적확하게 말하자면 종교가 없다. 그들은 스스로가 하나님으로부터 말미암아 창조된 신이라는 것을 알고 있다. 쉽게 말하면 자신이 창조하는 신이라는 것을 깨달은 존재들이다. 그런 믿음이 있기 때문에 신적인 창조력을 가질 수 있는 것이다.

여덟째, 하나님은 내가 원하는 것을 원하신다.

아홉째, 과거, 현재, 미래에 일어나는 모든 사건들은 내가 의도했던 것들이다. 모든 원인은 나에게 있고 그것을 해결할 수 있는 존재 역시 나 자신이다. 나 자신을 믿고 하나님을 의지하며 해결책에 집중한다면 오히려 시련이 기회로 바뀐다.

열째, '나는 하나님이다, 나는 신이다'라는 생각으로 살아야 한다. 아니 그렇게 믿고 행해야 한다. 나는 위대한 아버지 하나님의 자녀다. 나 자신을 믿는다는 것은 하나님 아버지를 믿는다는 말이다. 나 자신에 대한 믿음의 질량만큼 하나님 아버지를 믿게 된다. 그러나 스스로를 믿지 못하기 때문에 사소한 일조차 좌절하며 고민스러워하는 것이다. 하나님께서는 어떤 일에 대해서도 고민하지 않으신다. 그분의 자녀인 우리도 신이다. 그러니 어떤 어려움에 처하더라도 고민하기보다 내 안에 있는 위대한 잠재력,

창조력을 믿어야 한다.

열한째, 나 김도사는 매일 갈수록 지혜로워지고 명철해지고 있다. 내가 우주라는 것을 알고 세상의 모든 것은 나로부터 비롯된다는 것을 알기 때문이다. 나 자신이 신이요, 우주다. 내가 명령하면 바로 현실이 된다.

열두째, 간절함을 가지고 나를 찾아온다면 그가 누구든 인생을 바꿀 수 있는 비법을 알려 줄 수 있다. 무엇 때문에 고민하는지 듣고 나면 그에 대한 열쇠를 손에 쥐어 줄 수 있다. 나는 상대의 고민이나 문제점을 들으면 나도 모르게 머릿속에 방법이 떠오른다. 그것을 여러분에게 들려줄 수 있다. 그동안 나를 만난 수천 명의 사람들의 삶이 달라졌다.

열셋째, 우리가 생각하고 말하고 행동하는 모든 것은 영혼 속에 기록된다. 그리고 우주의 지식의 보고인 아카식 레코드(과거, 현재, 미래의 모든 사건, 상념, 감정이 명시되어 있는 세계의 기억)에도 기록된다.

열넷째, 우리는 항상 자신이 하는 생각과 말로 인해 심판받는다. 이것이 바로 《성경》이 말하는 심판이다. 현재는 과거에 했던 생각과 말에 대한 심판이다.

열다섯째, 당신은 영혼이다. 육체의 부모님이 지어 주신 이름은 지구별에 사는 동안 잠깐 쓰는 필명 같은 것이다. 우리의 진짜 이름은 천국에 갔을 때 알게 된다. 우리는 위대한 신의 가문에 속한 신의 자녀들이다. 모든 것에서 자유롭게 부유하게 살다가 천국으로 가야 한다.

🏃 하나님은 교회, 성당이 아닌 당신 안에 계신다

과거에 나는 교회에서 하나님을 찾았다. 울부짖는 기도로써 소망하는 것을 실현하려 했다. 간혹 주일예배를 빼먹게 되면 하나님으로부터 벌을 받을 것만 같아 마음이 불편했다. 좋지 않은 일이 생기면 예배에 불참했기 때문이라는 생각에 사로잡혔다. 지금에 와서 보면 하나님은 내가 교회에 가건 가지 않건 개의치 않는다는 것을 알 수 있다. 나의 어리석은 생각이 선하고 은혜로우신 하나님을 악한 존재로 만들었다.

하나님은 내 안에 계시고, 나 역시 하나님 안에 거한다. 나와 하나님은 하나이나 그분은 나보다 더 위대한 존재다. 나는 하나님이 자랑스러워하는 세상의 빛이다. 빛의 일꾼이다.

하나님은 교회, 성당이 아닌 우리 안에 계신다. 당신이 어떤 곳을 가더라도 하나님과 함께하기 때문에 그곳은 거룩한 곳이 된다. 등불도 없이 캄캄한 밤길을 혼자서 걷더라도 두려워할 필요가 없다. 하나님이 함께하시기 때문이다. 깨달은 사람, 진리를 아는 사람이라면 내가 하는 말뜻을 이해할 수 있다. 우리는 깨달은 사람, 영적인 사람이 되어야 한다. 영적인 사람은 영적인 것만을 생각하고, 말한다. 자신이 생각하고 말하는 것은 그대로 실현된다는 것을 믿는다.

책은
가장 가치 있는
성공의 결과물이다

"세상에서 가장 가치 있는
성공의 결과물이 무엇이라고 생각하는가?"

    나는 가장 가치 있는 성공의 결과물은 자신이 직접 쓴 '책'이라고 생각한다. 책에는 나의 지식과 경험과 지혜, 깨달음, 노하우 등이 담겨 있다. 그래서 자신의 역사를 말해 주는 보물이자 재산이다. 책 한 권을 읽으면 상대가 어떻게 살아왔는지, 인생관과 추구하는 가치, 꿈 등에 대해 알 수 있다.

    안타깝게도 보통 사람들은 다른 사람들이 쓴 책만 읽는다. 자신의 책을 쓰지 않는다. 자신은 아직 성공하지 않아서 책 쓸 자격이 안 된다는 것이다. 그래서 주위의 누군가가 책을 썼다고 하면 다들 인정하고 성공했다고 여기게 된다. 저서는 모두가 인정하는 성공의 결과물인 셈이다.

그동안 나는 정말 억울한 일을 많이 겪었다. 집이 너무나 가난했고 성적은 바닥이었고 말까지 심하게 더듬었던 나는 자존감마저 낮았다. 그런 상황에서 남들로부터 잦은 냉대와 무시, 언어폭행, 모욕적인 수모를 겪어야 했다.

세상 사람들은 한 사람의 내면에 잠재되어 있는 잠재력이나 가능성을 눈여겨보지 않는다. 그보다는 부모나 집안 배경, 학교 성적 등의 외적인 부분만을 보고서 인정한다. 하나님은 사람의 마음을 보시지만 사람들은 겉으로 드러난 겉모습만으로 판단하기 때문이다.

나는 사람들에게서 갖은 모욕과 무시를 당할 때마다 마음속에서 분노의 칼을 시퍼렇게 갈았다. 절대 지금처럼 살지 않겠다고, 부모님의 가난을 나의 대에서 끊겠다고 맹세했다. 부자가 되어 원하는 것들을 누리며 살겠다고 다짐했다.

부자가 되고 성공하는 것이 부모님과 우리 가족에게 보답하고, 나에게 모욕감을 안겨 준 사람들에게 복수하는 것이라고 여겼다. 내가 생각했던 복수는 그들이 쳐다볼 수 없을 정도로 높이 비상하는 것이었다. 세상 사람들이 성공했다고 인정하는 것이었다.

세상에 나를 알리는 것은 성공으로 올라가는 엘리베이터를 타는 것과 같다

　내가 사람들에게 인정받으며 성공하는 방법은 단 하나였다. 책을 쓰는 것이었다. 책이 나오면 자연스레 세상에 나를 드러낼 수 있다. 세상에 나를 알리는 것은 성공으로 가는 엘리베이터를 타는 것과 같다. 처음에 내가 친구들과 지인들에게 책을 쓴다고 말하자 말도 안 된다는 표정을 지었다. 책은 아무나 쓰는 게 아니라고 말했다. 내가 쓰는 책들은 결코 출간되지 않을 것이라고 말하는 사람도 있었다. 나는 그들의 말에 귀 기울이지 않았다. 책 출간의 꿈을 방해하는 그들의 소리를 미친개가 짖는 소리로 여겼다.

　나는 매일같이 A4 10장가량을 썼다. 지금 생각해 보면 그 당시 쓴 글들은 제대로 된 글이 아니었다. 목차를 어떻게 만들어야 하는지도, 원고는 어떻게 써야 하는지도 몰랐다. 그냥 열정 하나만으로 글을 썼다. 그러니 서론, 본론, 결론이 명확하지도 않았다. 두서가 없었던 것이다.

　그럼에도 불구하고 썼다. 나의 꿈을, 미래를 무시하는 사람들에게 복수하기 위해 글을 썼다. 중간 중간에 좌절하고 절망하면서 글을 썼다. 지금 글을 쓰지 않는다면 내 인생은 끝이라고 생각했다. 나에겐 아무런 희망이 없다고 생각했다. 아무도 나를 인정하지 않을 것이다. 심지어 나조차 나 자신을 버릴지 모른다는 두려움이 엄습했다. 캄캄한 동굴 속에 갇힌 채 질식해 죽을 거라는 생각이 들자 미친 듯이 키보드를 두드리게 되었다. 출판사에서 과연 내 책을 출간해 줄까, 이 따위 생각을 할 겨를이 없었다. 3년 반 동안 이런 절박함을 갖고 쓴 원고는 한 출판사와 인연이 되어 비로소 책으로 출간될 수 있었다.

나는 소중한 사람들에게 내가 쓴 책에다 직접 사인해서 선물한다. 저서야말로 최고의 가치 있는 선물이다. 책 선물을 받은 사

람들은 다른 선물을 받을 때보다 더 진한 감동을 받는다. 자신의 주위에 책을 쓴 사람들이 없기 때문에 책 선물을 받는다는 것이 얼마나 귀한 일인지 잘 안다.

그들은 책 선물을 준 나를 진심으로 '대단하다', '성공했다'라고 인정한다. 나는 책에다 "나를 만나 더 크게 성공합니다!", "앞으로 천 배로 더 크게 성공합니다!", "하나님은 당신이 원하는 것을 원하십니다!" 등의 성공 문구를 담아서 사인한다. 내게서 책 선물을 받은 사람들은 그동안 진심으로 성공을 기원하고 축복해 준 사람들이 없었기 때문에 진심으로 고마워한다. 당신도 이제부터 사람들에게 남이 쓴 책을 선물하지 말고 당신의 사인이 담긴 책을 선물해 보라고 조언하고 싶다.

부모님과 시부모님에게 인정받고 효도할 수 있는 최고의 방법은 책 출간이다. 책을 써서 감사의 마음을 담아 선물하는 것이다. 자식, 며느리로부터 책 선물을 받은 부모님과 시부모님은 감동하게 된다. 정말 대단하다, 그동안 수고했다는 칭찬을 해 준다. 그때부터 바라보는 시선이 달라진다. 주위 사람들에게 자식, 며느리를 자랑하기에 여념이 없다. 어른들에게 자식 자랑, 며느리 자랑을 할 수 있도록 해 드리는 것보다 더 큰 효도는 없다.

내 주위에 석·박사 학위를 가진 사람들은 조약돌처럼 널렸다. 앞과 옆, 뒤를 돌아봐도 석·박사들이다. 그렇다 보니 학위를 하나 더 가진다고 해서 그들과 차별되거나 구별되지 않는다. 봉

어빵에 지나지 않는다. 이들은 비슷한 사람들과 비교하고 경쟁하기 때문에 쉬지 않고 스펙을 쌓는다. 30년 동안 공부를 했음에도 또 공부를 하는 것이다. 그래 봤자 도토리 키 재기일 뿐이다. 당신이 자꾸만 누군가와 비교하고 경쟁하는 것은 그들과 비슷하기 때문이다. 사람들이 시간과 돈을 쓰면서도 계속 불행해지는 이유다. 악순환이 거듭된다.

🏃 책은 가장 가치 있는 성공의 결과물이다

책은 최고의 학위다. 책 한 권은 박사학위 100개를 가진 것보다 낫다. 달랑 종이 한 장인 학위를 보고 그 사람의 능력을 인정하는 사람은 거의 없다. 석·박사 학위를 가지더라도 주위에선 인정해 주지 않는다. 그러나 자신의 책에다 직접 사인해서 선물한다면 대단하다는 말을 듣는다. 사람들은 학위보다 책에 더 큰 가치를 매기기 때문이다.

책은 아무나 쓸 수 없다. 책이야말로 최고의 학위라고 인정하는 사람들만이 쓸 수 있다. 책을 써서 인생을 바꾸려는 사람들만이 쓸 수 있다. 책 학위를 가진 사람들은 시간이 갈수록 더욱 인정받고 성공한다. 독서만 하는 사람들에 비해 엄청난 기회를 가지며 자신의 인생의 판을 키워 간다. 누군가의 멘토가 되고 세상에 선한 영향력을 펼치는 독보적인 존재가 된다.

책에는 나를 수식하고, 표현하고, 홍보하고, 마케팅하는 문구들로 가득 차 있다. 책은 나의 분신이다. 책을 출간했다는 것은 세상에 수천 개의 나의 분신을 만들어 냈다는 것을 뜻한다. 책은 온 세상을 돌아다니며, 내가 갈 수 없는 곳을 다니며 나를 대신해 상담하고, 조언하고, 나를 판매한다. 나는 250권의 책을 펴냈다. 그러니 만큼 수십만 권의 책들이 나의 분신이 되어 활동하고 있다. 지극히 평범하고 가난했던 내가 보통 사람들은 평생 만져 볼 수 없는 자산을 이루었다. 수많은 사람들의 멘토로도 활동하고 있다. 이것 역시 나의 책 분신 덕분이다.

자식에게 건물이나 빌딩, 땅을 물려주고자 하는 부모들이 많다. 하지만 절대 재산 상속만 해선 안 된다. 책을 펴내 부모의 지혜까지 함께 상속할 수 있어야 한다. 재산 상속만 받은 자식들은 지혜가 없기 때문에 얼마 가지 못해 부모가 피땀 흘려 이룬 재산을 탕진하고 만다. 그러나 인생을 살면서 부모가 겪은 경험과 시련과 지혜를 담은 책을 물려준다면 자식들은 안전한 부자로서의 삶을 살게 된다. 자식을 진심으로 사랑한다면 꼭 재산 상속과 함께 책이라는 최고의 지혜서까지 함께 상속해야 한다.

책은 가장 가치 있는 성공의 결과물이다. 사람들에게 자신의 가치를 알리면서 인정받을 수 있는 방법은 책을 쓰는 것뿐이다.

책을 쓴 사람들은 인정받고 존중받는다. 당신은 세상에서 가장 특별한 사람이 된다. 아직 자신의 책이 없다면 만사를 제쳐 놓고 책을 써야 한다.

소망이
실현되기까지는
시간차가 있다

사람들은 반드시 성취되는 기도의 법칙을 모르고 있다

우리에게는 저마다 이루고 싶은 소망이 있다. 건강하고, 부유하고, 자유롭고, 행복하게 살고 싶다는 소망을 갖고 있다. 그런데 극소수만이 소망을 이루며 산다. 소망을 실현한 사람들은 하나님은 사랑과 자비가 가득한 분이라고 생각한다.

그러나 자신의 기도가 이루어지지 않는 사람들은 하나님은 공평하지 못한 분이라고 여긴다. 왜 소망이 실현되는 사람과 그렇지 못한 사람으로 나뉘게 되는 것일까? 나는 두 가지 이유가 있다고 생각한다.

첫째, 기도하는 법칙을 모른 채 기도하기 때문이다.

둘째, 소망이 실현되기까지 시간차가 있다는 것을 모르기 때문이다.

대부분의 사람들은 반드시 성취되는 기도의 법칙을 모르고 있다. 기도의 법칙을 모르면 소망하는 바가 천천히 이루어지거나 이루어지지 않는다. 내가 그토록 갖고 싶었던 제품이 있다고 하자. 이 제품에는 사용 설명서가 있다. 사용 설명서를 읽어 보고 나서 지침대로 사용한다면 쉽고 편리하게 쓸 수 있다. 반대로 사용 방법을 모른다면 사용할 수 없게 된다.

사람들은 소망이 실현되기까지 어느 정도 시간차가 있다는 것을 알지 못한다. 물론 우리가 제대로 된 기도의 법칙으로 기도한다면 무엇이든 즉각 실현되게 되어 있다. 그러나 이 정도가 되려면 예수께서 가졌던 의식 수준을 가져야 한다. 보통 사람들은 의식 또한 보통 수준에 지나지 않는다. 그렇기 때문에 어떤 소망을 갖고 그것이 실현될 수 있도록 기도한다고 해서 바로 나타나지 않는다. 소망이 실현되기까지 시간차가 있다는 것을 기억해야 하는 이유다.

베어드 T. 스폴딩의 《초인들의 삶과 가르침을 찾아서》에 보면 다음과 같은 말이 있다.

"예수는 무지가 죄의 원인이라고 가르쳤습니다. 그는 죄

사함을 받기 위해서는 인간은 죄를 용서하고 모든 불화와 부조화를 치유할 수 있는 능력을 가지고 있다는 사실을 깨달아야만 한다는 것을 알았습니다. 죄를 용서해 주는 것은 하느님이 아닙니다. 왜냐하면 하느님은 인간의 죄나 질병이나 부조화와는 아무 관계가 없기 때문입니다. 죄와 질병과 부조화는 인간이 만들어 낸 것입니다."

예수께서 하신 "무지가 죄의 원인"이라는 말이 가슴에 꽂힌다. 그렇다. 많은 사람들이 질병과 가난으로 고통 받으며 사는 이유는 무지하기 때문이다. 하나님은 자녀인 우리가 질병과 가난에 시달리며 살기를 바라지 않는다. 하나님은 우리를 창조할 때 자신이 가진 전지전능한 능력을 주셨기 때문이다. 모르는 것이 없고 못하는 것이 없는 능력을 주셨다는 말이다. 이를 깨달은 사람은 시작은 초라하더라도 삶을 개선시켜 나간다. 꿈을 이루는 과정에서 자신은 무엇이든 할 수 있는 존재라는 것을 체험하게 된다. 기적과 같은 삶을 살게 되는 것이다.

🏃 이미 얻을 줄로 믿고 구하면 받게 된다

소망을 가지는 것 자체가 이미 기도다. 내 이름으로 된 책을 출간한 작가가 되고 싶다, 100억 부자가 되고 싶다, 더 넓은 아파트로 이사 가고 싶다, 지금 버는 수입의 10배를 벌고 싶다, 고통을 주는 질병으로부터 자유롭고 싶다, 부모 형제들과 함께 크루즈여행을 가고 싶다…. 이 모든 것이 기도다.

기도는 무조건 이루어진다. 예수께서 하셨던 기도는 모두 하나님으로부터 응답을 받았다. 그러니 예수처럼 하는 것이 올바른 기도법이라고 할 수 있다. 올바른 방법으로 하는 기도는 반드시 응답을 받는다.

그렇다면 어떻게 기도할 때 빨리 응답을 받을까? 내가 알려주는 방법으로 기도한다면 하나님으로부터 응답받는 기적을 체험할 수 있다.

2,000년 전 예수께서는 우리에게 "이미 얻을 줄로 믿고 구하면 받게 된다."라고 말씀하셨다. 그러니 만큼 자신이 무엇을 원하는지 구체적으로 알아야 한다. 그리고 자신이 구하는 것이 무엇이든지 이미 이루어졌다는 강한 믿음을 가져야 한다. 대부분이 과정에서 잘못된 생각을 가지게 된다. '나는 아직 받은 것도 없고, 이루어진 것도 없는데 어떻게 그렇게 생각하고 믿을 수 있지?'라고.

내가 보기에 특히 기독교인들은 믿음이 약하다. 그러다 보니 의심이 많다. 그래서 그들은 부족한 믿음 대신 교회에서 무릎 꿇고 하나님께 같은 기도를 반복하게 된다. 아이러니한 것은 어떤 교인은 《성경》을 수십 번 완독했지만 기도하는 법조차 모른다는 것이다. 그래서 기독교인들이 '예수쟁이', '개독교인' 등의 욕을 먹는 것이다. 예수께서 그렇게 싫어하셨던 겉과 속이 다른 바리새인이 바로 그들인 것이다.

예수께서는 '이미 얻을 줄로 믿고 구하면 받게 된다'라고 말씀하셨다. 믿음으로 기도한다면 반드시 이루어진다는 것이다. 그럼에도 불구하고 그들은 하나님께서 자신의 기도를 들어주시지 않을지도 모른다는 불안과 의심으로 가득하다. 결국 그들의 바람대로 소망은 실현되지 않는다.

나는 앞에서 소망이 실현되기까지 시간차가 있다고 말했다. 하나님께서 만드신 우주의 법칙은 참으로 오묘하다. 만약 우리가 어떤 소망을 가지자마자 바로 이루어진다면 이 세상은 아마 엉망진창이 되고 말 것이다.

예를 들어 보겠다. 어제 내게 모욕적인 말로 상처를 준 동료가 있다고 가정해 보자. 그리고 그가 오늘 교통사고로 죽었으면 하는 소망을 가졌다고 생각해 보자. 그가 처참하게 죽는 상황을 상상하며 기도하게 되면 어떤 일이 일어날까? 소망을 가지는 순간 그는 교통사고로 세상을 떠나게 될 것이다.

당신이 자주 가는 음식점이 있는데, 오늘따라 종업원이 불친절하다. 기분이 상한 당신이 '에이, 이놈의 가게 확 망했으면 좋겠네!'라고 기도한다면? 며칠 후 그 음식점을 찾았을 땐 출입구에 어떤 불미스러운 일로 인해 가게의 문을 닫게 되었다는 안내문이 붙어 있을 것이다.

형제 가운데 속을 썩이는 형이나 동생이 있다고 생각해 보자. 아무런 경험도 없이 수차례 부모님의 돈을 끌어와 사업을 했다가 수억 원의 빚을 졌다고 가정해 보자. 그리고 한 형제가 너무나 화가 나서 '정말 속 썩이네! 불치병에 걸려서 죽어 버리면 속이 시원하겠다'라는 소망을 가졌다고 해 보자. 그 순간 그는 사고만 치던 형제가 병원에 가서 불치병 진단을 받았다는 소식을 접하게 된다.

정말 이런 일들이 즉각적으로 일어난다면 우리는 정상적인 삶을 살아갈 수 없게 된다. 개인은 물론 세상은 혼돈에 빠지게 된다. 이를 방지하기 위해 하나님께서는 보통 사람들의 소망이 실현되기까지 시간차를 둔 것이다.

🏃 구하는 순간 이미 받았다는 확신과 믿음을 가져라

올바르게 기도하게 되면 반드시 이루어진다. 이는 하나님께서 우리에게 하신 언약이다. 자신의 기도가 이루어지면 올바른 기도의 방법으로 구했다는 것을 알 수 있다. 반대로 기도가 이루어지지 않는다면 잘못 구했다고 생각하면 된다. 사람들은 자신의 기도가 응답받지 못하게 되면 좌절한다. 하지만 모든 기도는 이루어지게 되어 있다. 다만 올바른 방법으로 구하느냐가 관건이다.

하나님의 능력은 무한하다. 보이는 모든 것들은 하나님께로부터 말미암아 된 것이다. 나 혼자만의 힘으로는 부족하지만 내 안에 계신 하나님께서 함께하신다는 믿음을 가져야 한다. 이런 믿음은 불안과 두려움을 몰아낸다. 하나님의 권능은 무한하다는 것과 하나님은 내가 바라는 모든 것을 이루실 수 있는 분이라는 믿음은 무엇이든 가능하게 만든다. 기도할 때는 절대 부정적인 생각과 말을 해선 안 된다. 완전한 상태를 구하는 긍정의 생각과 말만 사용해야 한다. 그리고 자신이 바라는 소망을 마음속 깊이 새기고 원치 않는 것은 일절 생각하지 말아야 한다.

가난한 사람이 기도할 때는 가난에서 벗어나게 해 달라고 기도하는 것이 아니라 풍요함이 넘치게 되기를 구해야 한다. 질병으로 고통받는 사람이 기도할 때는 병을 고쳐 달라고 하는 것이 아니라 건강한 상태가 되기를 구해야 한다. 즉, 자신이 바라는 결과만을 구하라는 것이다. 자신의 소망을 이루기 위한 방법을 제대로 알고자 한다면 나의 휴대전화 010.7286.7232로 연락하면 된다. 도움을 줄 것이다.

사람들은 자신의 기도에 대한 응답이 어떻게 올지 궁금해한다. 기도가 언제 어디서 이루어질 것인가에 대해선 하나님께 맡겨야 한다. 우리는 구하는 순간 이미 받았다는 확신과 믿음을 가지면 된다. 받은 것에 대해 감사하는 마음을 가지면 된다. 그 후 모든 것은 하나님께서 알아서 하신다. 내가 그동안 이룬 것들은 확신과 믿음으로 하나님께 요청했기 때문이다. 요청한 후 하나님께 이미 받은 것에 대해 감사의 기도를 드렸다. 그러자 얼마후 내가 소망했던 것들이 현실에 나타나기 시작했다.

나는 하나님으로부터 기도 응답을 받는 횟수가 늘어날수록 믿음을 갖는 것이 얼마나 귀한 일인지 깨닫게 되었다. 세상에 이보다 더 귀한 일은 없다. 올바른 기도로 바라는 것을 이룰 수 있는 것은 하나님의 자녀라는 것을 세상에 드러내는 일이기 때문이다. 나는 이 글을 읽는 모든 사람들이 나처럼 확신과 믿음, 감사하는 마음이 어떤 힘을 발휘하는지 체험할 수 있기를 소망한다.

책 한 권은
수백 명의
영업사원들보다
더 힘이 세다

성공한 사람들이
계속 책을 쓰는 이유는 무엇일까?
사업가들이 바쁜 가운데
책을 계속 출간하는 이유는 무엇일까?

보통 사람들의 눈높이에선 그들을 이해할 수 없다. 그들이 계속해서 책을 쓰는 이유가 납득이 안 될 것이다. 그러나 그들은 책을 쓰는 이유에 대해 누구보다 잘 알고 있다. 책은 사람이 할 수 없는 일들을 아주 쉽고 빠르게 해낸다. 그 어떤 마케팅도 책 마케팅을 능가하지 못한다. 크게 성공한 사람치고 자신의 저서가 없는 사람이 없는 이유다.

성공한 사람들이 책을 쓰는 데는 세 가지 이유가 있다.

첫째, 책 속에다 자신의 경험과 지혜, 상품의 가치를 담을 수 있다.

둘째, 책이 나 대신 전국을 다니며 일한다.

셋째, 나와 회사, 상품의 브랜딩이 가능하다.

책 한 권은 수백 명의 영업사원들보다 더 힘이 세다. 책 속에다 그동안 살면서 겪은 스토리를 담는다면 독자들은 공감하게 된다. 공감은 저자와 독자 사이에 신뢰감이 생겨나게 한다. 과거에 저자가 겪은 어려움을 현재 겪고 있는 독자들이 있다면 저자를 만나 조언을 받고 싶어진다. 직접 만나 조언이나 코칭을 받을 수 있다면 쉽게 어려운 문제에서 벗어날 수 있기 때문이다.

나는 24년 동안 250권의 책을 펴냈다. 다양한 장르의 책을 펴냈는데 현재 주로 쓰는 주제는 책 쓰는 비결과 1인 지식창업 성공 비결이다. 많은 이들이 나의 최근작 《평범한 사람을 1개월 만에 작가로 만드는 책쓰기 특강》,《내가 100억 부자가 된 7가지 비밀》,《1년에 10권도 읽지 않던 김 대리는 어떻게 1개월 만에 작가가 됐을까》,《신용불량자에서 페라리를 타게 된 비결》을 읽고 한책협에 가입하고 있다. 책에는 책을 쓰는 과정에서 알게 된 책쓰기 원리와 비법 등이 담겨 있다. 이 책을 읽고 마지막 장을 덮고 나면 당장 나를 만나고 싶은 강한 욕망이 생긴다. 한 달에 2회 진행하는 책쓰기 1일 특강에 참석하는 대부분의 사람들이 이런 케이스다.

🏃 성공해서 책을 쓰는 것이 아니라 책을 써야 성공한다

하수는 직접 사람들을 찾아다니며 영업한다. 하지만 아무리 열심히 다니더라도 하루에 몇 명 만날 수 없다. 대면해서 하는 영업에는 한계가 있기 때문이다. 반면에 고수는 직접 사람들을 찾아다니는 영업을 하지 않는다. 그런 영업은 생고생을 자초하는 것이기 때문이다. 그는 진심을 담은 영업으로 관계가 형성된 기존 고객들로부터 다른 고객을 소개받는다. 기존 고객들이 알아서 지인들을 데리고 오는 것이다. 소개를 받아서 하는 영업은 십중팔구 실적으로 이어진다.

고수는 여기에다 하나를 더 추가한다. 바로 '책'이다. 책에는 자신의 인생 스토리와 어떤 마음가짐으로 영업을 하고 있는지 등이 담겨 있다. 고객들이 알면 좋을 유익함이 고스란히 담겨 있는 것이다. 그러니 고객들을 상대로 입 아프게 자신에 대한 소개나 홍보를 하지 않아도 된다. 사실 책 없이 입으로 떠들어 대는 홍보는 고객들 입장에선 잘난 체나 '영업'으로밖에 비쳐지지 않는다. 이때 직접 쓴 책이 있다면 고객들에게 신뢰감을 주게 되고 고객들은 상품까지 신뢰하게 된다. 이는 바로 실적으로 이어진다. 영업자들이 겪는 가장 큰 고충이 아무리 영업을 열심히 해도 실적으로 이어지지 않는다는 것이다. 그런데 한편에선 고수 영업자들은 쉽고, 편하게, 즐겁게 일하며 실적까지 쌓고 있다.

"성공해서 책을 쓰는 것이 아니라 책을 써야 성공한다!"

내가 즐겨 하는 말이다. 보통 사람들은 자신의 꿈을 이루거나 성공한 후에 책을 쓰고자 한다. 안타깝게도 이들의 소망은 거의 이뤄지지 않는다. 보통 사람들이 어떤 수로 꿈을 이루고 성공할 수 있겠는가! 유명해지면 꿈을 이루고 성공하기가 훨씬 수월하다. 평범한 사람이 유명해지는 것은 하늘의 별 따기와 같다.

그렇다고 해서 불가능한 것은 아니다. 나 역시 지극히 평범했지만 현재 내 분야에서는 독보적인 존재가 되었다. 소망하는 그 이상을 실현했기 때문이다. 보통 사람이 유명해지는 데 있어 이보다 더 좋은 수단은 없다. 바로 '책'이다. 책의 효과는 장난이 아니다. 내 이름으로 된 책을 펴내면 자연스레 사람들에게 인정받게 된다. 전문가로 입신하게 된다. 운이 좋으면 단박에 TV에 출연해서 유명인이 될 수도 있다.

이 글을 읽는 사람들 중에 "책 한 권 써서 TV에 출연한다고?"라며 콧방귀를 뀌는 사람들도 있을 것이다. 충분히 이해한다. 이런 의심을 갖는 사람들은 보통 사람들이기 때문이다. 유튜버 김새해 작가는 나를 찾아와 책 쓰는 법을 배웠다. 근 한 달 만에 원고를 쓰고 《내가 상상하면 꿈이 현실이 된다》를 출간했

다. 책이 출간된 후 KBS1 〈아침마당〉으로부터 섭외가 들어왔고 출연했다.

　탈북자인 이채명 작가가 있다. 그녀는 내게서 책 쓰는 법을 배워 2018년 2월 《내 생애 단 한 번 희망을 가지다》를 출간했다. 그리고 KBS1 〈아침마당〉으로부터 출연 요청을 받았다. 배서희 작가는 같은 해 국군의 날에 KBS1 〈아침마당〉 생방송에 출연했다. 건국대학교 병원에서 근무하는 수간호사인 그래 작가가 있다. 그녀는 《내 감정의 주인으로 사는 법》을 출간한 후 KBS1 〈아침마당〉, SBS 〈모닝와이드〉, JTBC 〈알짜왕〉에 출연한 바 있다.

이 외에도 나에게서 책쓰기 코칭을 받은 많은 작가들이 TV와 라디오에 출연한 바 있다. 그래서 내가 "성공해서 책을 쓰는 것이 아니라 책을 써야 성공한다."라고 말하는 것이다.

✘ 가장 뛰어난 마케팅은 책 마케팅이다

세상에서 가장 뛰어난 마케팅은 책 마케팅이다. 책을 펴내는 순간 권위와 공신력이 생겨난다. 아무리 학벌, 배경, 스펙 등에서 평범한 사람일지라도 책을 펴내게 되면 함부로 대하지 못하게 된다. 내게 없는 책이 그에게는 있어 특별한 사람으로 인식되기 때문이다. 사람은 원래 자신보다 뛰어나다는 생각이 들거나 특별한 사람으로 인식되는 사람에게는 함부로 하지 못한다. 열등한 사람, 보잘것없는 사람들이 무시당하고 왕따 당하는 이유다.

내 이름으로 된 책을 펴내는 순간 작가가 된다. 사람들은 "작가님!", "작가 선생님!", "강사님!", "코치님!"이라고 부른다. 그 누가 작가 선생님에게 함부로 할 수 있단 말인가! 하버드대, 서울대 학력을 가졌다고 하더라도 작가 앞에선 꼼짝 못한다. 그들이 가진 스펙이라곤 고작 학력뿐이다. 사람들은 책은 아무나 쓸 수 없다는 인식을 갖고 있다. 그래서 책을 가진 사람들, 책을 쓰는 사람들에게 범접할 수 없는 것이다.

책을 쓴 작가들은 유튜브 영상에서 자기소개를 할 때 꼭 "안녕하세요! ○○○ 책을 쓴 저자 ○○○입니다."라고 말한다. 유튜버 김새해도 영상을 시작하기 전에 "안녕하세요! 작가 김새해입니다!"라고 인사한다. 책을 쓴 작가로서의 권위와 공신력을 잘 알기 때문이다. 책은 최고의 마케팅 수단이다. 책을 쓰지 않고서 마케팅 한다는 것은 마케팅을 대충 하겠다는 뜻과 같다. 책에다 자신의 지식과 경험, 지혜와 함께 팔고자 하는 상품이 탄생하게 된 스토리를 담는다면 그 가치는 높아지게 된다. 가치가 높은 상품은 고가를 받을 수 있다.

책이 나 대신 일하게 하라

책은 나의 가치를 드높인다. 많은 사람들에게 홍보 마케팅을 한다. 아무리 좋은 내용이라고 하더라도 자기 입으로 계속 떠들어 댄다면 가치는 떨어지게 된다. 사람들이 보기에 자화자찬으로 비쳐진다. 사람들은 빈 수레가 요란하다고 생각한다. 말이 많을수록 실력이 없는 사람으로 인식되게 된다.

나에게 책 쓰는 법을 코칭받아 책을 출간한 학원 원장이 있다. 그는 책을 출간하기 전에는 원생들을 모으기가 힘들었다. 이에 대한 고민을 거듭한 끝에 책을 써서 퍼스널 브랜딩을 하고자 했다. 그러곤 한 달 만에 원고를 써서 출판사와 계약 후 책이 출간되었다. 책 출간 후 학부모와 상담할 때 훨씬 수월하게 등록까지 이어졌다. 책이 없이 상담할 때는 백 마디를 해야 했다면 책이 나온 후에는 몇 마디만으로도 가능했던 것이다. 이제 책을 쓰지 않고서 일을 하거나 사업을 한다는 것은 망하겠다고 마음먹는 거나 다름없다. 나를 알리고 회사, 상품을 알리기 위한 수단으로 책보다 좋은 것은 없다.

책에는 한계가 없다. 그런 만큼 책이 나 대신 일하게 해야 한다. 책은 내가 만날 수 없는 높은 사람들을 만날 수 있게 해 준다. 내가 갈 수 없는 곳에도 자유롭게 드나들 수 있게 해 준다. 책이 수많은 사람들을 만나 나 대신 상담하고 조언한다. 그들을 나에게로 데려오기도 한다. 내가 쓴 책을 미리 읽고 온 사람들과 상담하면 말이 잘 통한다. 나의 스토리를 익히 알고 와 내 말을 신뢰하기 때문이다.

책은 내가 여행하거나 식사하거나 쇼핑하거나 잠을 자는 시간에도 부지런히 온 세상을 다니며 상담하고, 홍보하고, 영업한다. 책이야말로 최고의 영업자이자 천군만마와 같다. 250권의 책을 펴낸 내가 지금도 쉬지 않고 책을 쓰는 이유다. 내가 손대는 일마다 다 잘되고 크게 번창하는 비결은 바로 책에 있다. 오죽하면 하나님께서도 복음 전파를 위해 수십 명의 공동저자를 내세워 《성경》이라는 책을 쓰셨을까.

죽어 납골당에
이름을 새기지 말고
책에다 새겨라

"당신은 이 세상에 온 목적이
무엇이라고 생각하는가?"

나는 지구별에 온 목적이 최고의 삶을 경험하기 위해서라고
생각한다. 내가 가진 최대치가 어디까지인지 경험하기 위해 온
것이다. 이번 생이 지구별에서 처음 경험하는 삶은 아니다. 이전
에 수백 번 내지 수천 번의 삶을 살았다. 이를 불교에서는 '윤회'
라고 한다. 윤회란, 중생이 죽은 후 그 업에 따라 이 세상에서 생
사를 거듭한다는 사상이다. 이번 생에서는 이전의 생에서 하지
못했던 그 이상의 모험을 하고 있다.

이번 생에서 가장 큰 행복감과 충만함을 안겨 준 모험은 '책
을 쓰는 일'이었다. 대부분의 사람들이 누군가 쓴 책을 읽을 때

나는 책을 썼다. 책에다 지식과 경험, 삶의 깨달음, 원리와 비법을 담았다. "한 노인이 죽으면, 그것은 도서관 하나가 불타 버린 것이다."라는 격언이 있다. 한 사람의 삶은 지혜 그 자체다. 세상에서 가장 귀한 것이 지혜다. 한 사람이 세상을 떠난다는 것은 그의 지혜가 담겨 있는 도서관이 불타는 것과 다를 바 없다.

그동안 나는 250권의 책을 썼다. 책이 출간되자 수십만 권의 책이 전국과 해외를 돌며 나를 홍보하고 마케팅했다. 사람들은 이렇다 할 스펙 하나 없던 나를 "작가님!", "선생님!", "작가 선생님!"이라며 깍듯이 대우했다. 많은 이들이 상담하고 조언을 듣기 위해 해외와 전국 각지에서 찾아왔다. 나에게 만나 달라며 전화와 문자메시지, 이메일을 보내는 이들도 많다.

책 출간 후 나의 삶은 완전히 바뀌었다. 그저 예전에 독서만 하던 모습에서 벗어나 책을 썼을 뿐인데 빛나는 삶이 된 것이다. 《성경》에서 예수님이 말씀하시던 '세상의 빛'이 된 것이다. 현재 나는 '빛의 일꾼'으로 살고 있다.

🏃 책을 쓰는 일은 지혜의 도서관을 짓는 일이다

모든 사람에게는 부모가 지어 준 이름이 있다. 부모가 그 이름을 지을 때 어떤 심정으로 지었을까! 건강하게, 훌륭하게 자라서 행복한 인생, 멋진 인생을 살라는 마음이 담겨 있을 것이다. 그런데 대부분의 사람들은 자신의 이름을 세상에 알리지도, 빛내지도 못한 채 삶을 마감한다. 후회만 가득 안고서 자그마한 항아리에 담겨 납골당으로 향하게 된다.

죽으면 누구나 묘비나 납골당에 이름을 새기게 된다. 그러나 부모님이 지어 주신 이름을 납골당에만 새겨선 안 된다. 이름을 책에다 새겨야 한다. 자신의 스토리와 지혜, 삶의 깨달음이 담겨 있는 책에다 당당히 새겨야 한다. 당신의 이름이 새겨진 책을 읽으며 자식들은 당신의 삶을 기억하고, 부모의 철학과 지혜를 생각하며 더 나은 삶을 살 것이다. 세월이 지나면 부모에 대한 기억은 옅어지지만 책에 담겨 있는 부모의 유산(지식, 경험, 지혜)은 생생하게 기억된다.

세상에서 가장 귀하고 가치 있는 것이 한 사람이 살아온 인생 스토리다. 책을 쓰는 일은 지혜의 도서관을 짓는 일이다. 나는 수강생들에게 책쓰기 노하우를 전수해 줄 때 진심은 기본이고 목숨 걸고 코칭한다. 한 권의 책은 그 사람의 현재는 물론 미래까지 송두리째 바꿔 놓을 수 있기 때문이다. 나아가 가족까지 바꿔 놓는다는 것을 경험을 통해 너무나 잘 알고 있기 때문이다.

나는 목숨을 걸고 수강생들에게 책쓰기, 성공학, 1인 창업 코칭을 하고 있다. 모든 코치들은 최고의 실력과 진심으로 가르친 제자의 책이 출간되어 사람들에게 인정받을 때 최고의 행복감을 느낀다. 나 역시 수강생들에게 책쓰기 코칭을 하면서 수업 중에 만들어 주었던 '가제목'이 출판사와 계약 후 그대로 책으로 되어 나올 때 너무나 행복하다. 제목은 물론 목차까지 그대로 출간될 때는 희열을 느낀다.

나는 수강생들의 자기소개서를 면밀하게 읽어 본다. 그러곤 책이 출간되었을 때 코칭, 강연 요청, 방송 요청 등의 수익을 일으키거나 브랜딩이 될 수 있는지, 미래가 변화될 수 있는지의 여부를 따져 주제를 정한다. 수강생들 스스로 정해 온 주제가 있어도 십중팔구는 내가 다시 정한다. 주제가 각자에게 맞을 뿐 아니라 시대적인 트렌드와 맞아떨어질 때 더 나은 제목과 목차를 만들 수 있기 때문이다.

원고의 제목과 목차가 완벽해야 보다 쉽고 빠르게 원고를 써서 출판사와 출판 계약을 할 수 있다. 제목과 목차가 엉성하고 임팩트하지 못하다면 보통 하루에 100여 통 들어오는 출판사의 원고들에 함께 묻히게 된다. 한책협에서 배출하는 작가들의 원고는 너무나 완벽하다. 출판사와 출판 계약 후 큰 수정 없이 제목과 목차가 그대로 출간되기도 한다. 그럴 때는 '내가 정말 제대로 가르치고 있구나!'라는 생각에 보람이 크다.

🏃 최고의 보석을 책에 담아낼 때
그 가치가 빛나게 된다

당신이 가지고 있는 지식과 경험, 지혜는 너무나 소중하다. 절대 함부로 여겨선 안 된다. 삶을 귀하게 여기는 사람은 누군가 쓴 책만 읽으며 삶을 헛되이 보내지 않는다. 독서라는 수동적인 자기계발만 하는 사람의 삶은 제자리걸음이다. 앞으로 나아가지 못한다. 그저 떠내려가지 않을 뿐이다. 남들은 앞으로 나아가는데 떠내려가지 않을 뿐이라면 퇴보하는 것이다.

책쓰기라는 능동적인 자기계발은 앞으로 전진하게 한다. 그래서 사람들은 책쓰기는 자기계발의 끝이라고 말한다. 책쓰기를 뛰어넘는 자기계발은 없다. 유명한 사람이나 성공한 사람들이 하나같이 자신의 이름으로 된 책을 쓰는 이유다.

우리 모두는 언젠가 죽는다. 오늘일 수도, 내일일 수도 있다. 우리가 세상을 떠나면 그 빈자리는 다른 누군가 채운다. 내가 사라지면 세상이 멈추거나 잘 돌아가지 않을지도 모른다는 말도 안 되는 착각은 버려야 한다. 우리가 숨 쉬고 있는 지금 내 삶을 빛나게 하는 책쓰기를 해야 한다. 절대 죽어 무덤이나 납골당에 이름을 새기지 말고 책에다 새겨야 한다.

인생이 개선되지 않고 갈수록 힘든 이유는 남의 지식과 경험만 입력해 왔기 때문이다. 쑤셔 넣듯이 넣은 타인의 지식과 경험은 내 것이 될 수 없다. 오히려 책을 쓴 저자들의 삶만 더 돋보이고 빛나게 할 뿐이다. 지금껏 당신이 얻은 지식과 경험, 삶의 지혜와 깨달음 등은 최고의 유산이다. 다만 '구슬이 서 말이라도 꿰어야 보배'라는 말처럼 보이지 않는 최고의 보석을 책에 담아낼 때 그 가치가 빛나게 된다. 사람들이 인정해 주고 나의 가치가 격상되는 것이다.

✘ 한 권의 저서는 박사학위보다 더 가치가 있다

한 권의 저서는 박사학위보다 더 가치가 있다. 그동안 박사학위를 따서 인생 역전하거나 성공한 사람들을 만나 보지 못했다. 내게 코칭을 받아 작가가 되고, 코치, 강연가, 1인 창업가가 된 사람들 중에 박사학위를 가진 이들도 많다. 그들은 이구동성으로 말한다.

"박사학위를 따면 삶이 좀 더 나아질 줄 알았는데 막상 따고 나니 아무것도 아니네요. 오히려 박사학위를 따느라 수천만 원의 빚만 지고 몇 년간 시간만 낭비했어요."

정말 공부가 하고 싶어서 박사과정에 들어가는 건 괜찮다. 그런데 학위를 따서 더 나은 직장에 들어가거나 삶을 개선시킬 수 있다고 생각하는 것은 위험하다. 인생이 더욱 힘들어지게 되기 때문이다. 내게 책 쓰는 법을 배워 꿈을 실현한 사람들은 헤아릴 수 없이 많다. 저서의 힘은 당신이 생각하는 것 이상으로 엄청나다.

책을 펴내게 되면 온라인 서점을 비롯한 전국 서점에서 팔리게 된다. 독자들은 다양하다. 대통령부터 국회의원, 고위 공직자, 교수, 교사 등 각계각층의 사람들이다. 어디에서 상담, 코칭, 강연과 칼럼 요청이 들어올지 알 수 없다. 운명을 바꾸는 기회는 이렇게 소리 없이 찾아온다. 책을 출간한 사람들의 과거 이력을 추적하다 보면 첫 단추가 책 한 권에서 시작되었음을 알 수 있다.

이미 글 잘 쓰는 사람이 세상을 움직이는 시대가 도래했다. 직장에서도 글쓰기의 중요성이 날로 높아지고 있다. 중간관리자는 업무시간의 40퍼센트, 매니저는 50퍼센트가 글쓰기와 관련이 있다. 나는 책쓰기 1일 특강에 참석하는 사람들에게 입버릇처럼 "책쓰기는 시대의 생존 조건이다."라고 말한다. 이젠 일만 잘해선 언제 직장에서 '팽'당할지 알 수 없다.

당신이 직장인이라면 업무나 관심 분야에 대한 책을 써야 한다. 자신의 이름 석 자를 퍼스널 브랜딩해 나가야 한다. 그래야 어느 날 갑자기 구조조정이나 권고사직을 당하더라도 미련 없이 회사를 떠날 수 있다.

우리의 삶은 너무나 소중하다. 죽어 무덤이나 납골당에 이름을 새기지 말고 책에다 새겨야 한다. 주위 사람들이 남들이 쓴 책을 읽으며 시간을 죽일 때 우리는 책을 써야 한다. 한 권의 책을 펴낼 때 삶은 더욱 개선되고 빛나기 시작한다. 무엇보다 사람들에게 인정받고 존중받게 되고 세상에 쓰임이 있는 사람이 된다.

책을 쓰는 일은
하나님의 절대적인
명령이다

🏃 노후가 준비되지 않은 채
오래 사는 것은 재앙이다

　지금은 100세 시대라고 말한다. 그러나 오래 산다고 해서 마냥 좋은 것만은 아니다. 20, 30년을 뼈 빠지게 일해서 가족을 부양한 후 50대쯤에 은퇴해서 가족들의 눈치나 보며 생활해야 하기 때문이다. 노후가 준비되지 않은 사람의 장수는 재앙이다.

　대부분의 직장인들은 회사에서 시키는 일만 하다가 은퇴를 맞이한다. 은퇴 후 오라는 곳은 거의 없다. 죽기 전까지 생계를 걱정해야 할지 모른다. 그래서 직장에 다니는 지금 평생 현역으로 살 수 있는 직업을 만들어야 한다. 나처럼 책을 써서 작가로 활동하면서 코칭과 강연, 1인 창업을 한다면 평생을 현역으로 살아갈 수 있다.

그동안 살아오면서 내가 가장 잘한 것이 무엇일까 생각해 봤다. 한 가지를 꼽는다면 바로 책을 쓴 일이다. 책을 쓰는 일은 나처럼 내세울 것 하나 없는 사람이 이름 석 자를 브랜딩할 수 있는 최고의 수단이다.

내가 20대에 책을 펴내자 사람들은 나를 작가로 인정해 주기 시작했다. 내 책을 읽은 사람들은 나의 이야기에 빠져들었다. 나를 아는 사람들은 "어떻게 젊은 나이에 책을 쓸 수 있었느냐?", "책까지 내고 정말 대단하다!", "앞으로 더 크게 될 것이다!"라고 나를 인정하고 칭찬했다. 심지어 어떤 사람들은 나에게 존경한다는 찬사를 보내오기도 했다.

250권의 책을 쓰면서 가장 빨리 성공하는 방법을 알게 되었다. 쉽고 빨리 성공하려면 세상에 나를 알려야 한다. 세상 사람들이 나를 알아줄 때 생각지도 못했던 기회들이 찾아온다. 명문대를 나오더라도 그저 직장에서 열심히 일만 하면 사람들은 알아주지 않는다.

그러나 책을 쓰게 되면 다르다. 사람들은 저자의 이야기에 감동받아 그를 추종하게 된다. 많은 독자들이 저자를 직접 만나기를 소망한다. 자신이 겪고 있는 어려움을 저자와 나누고 싶기 때문이다. 조언을 얻기를 원하는 것이다. 시련을 먼저 겪은 저자에게서 해결법을 듣고 싶어 하는 것이다. 이렇게 해서 책을 쓴 작가들은 독자들을 대상으로 컨설팅을 하게 된다. 이외에도 기업이나 기관, 단체 등에서 저자의 책을 읽고 저자를 강연회에 초빙한다.

책을 펴내자 나의 삶은 완전히 달라졌다

나는 20대 초반에 시인이 되기 위해 4년 동안 매일같이 시를 썼다. 그런 노력 끝에 〈충남일보〉 문학공모전에 당선되어 시인으로 등단할 수 있었다. 그러나 시인이 되어도 내 삶은 달라진 것이 없었다. 2,3만 원짜리 저가 옷들을 입고 다녔고, 아무리 아껴도 휴대전화 비용과 밥값과 방값 등 생활비 걱정에서 벗어날 수 없었다. 매일 생활고에 시달렸다.

습관적으로 가난을 물려준 부모님을 원망했다. 이렇게 거지처럼 살 바에야 죽어 버리는 것이 더 나은 것이 아닌가 하는, 말도 안 되는 생각까지 들었다. 매일같이 절망과 희망 사이를 왔다 갔다 했다. 그렇게 실의에 빠져 있을 때 하나님께서는 내게 "태광아, 시는 그만 쓰고 글을 써라."라고 명령하셨다. 내가 어느 정도 경제적으로 여유로워졌을 때 시를 쓰면 더 좋은 시를 쓸 수 있다고 하셨다. 나는 하나님의 명령대로 잠시 시는 접어 두고 에세이를 쓰기 시작했다.

그동안 시를 써 오던 내가 에세이를 쓰는 일은 쉽지 않았다.

책을 쓰는 법도 몰랐고 주위에 책을 쓰는 사람이 없었다. 깜깜한 방에서 불을 켜기 위해 스위치를 찾는 것과 같았다. 하지만 나는 하나님께서 나에게 책을 쓰라고 한 데는 어떤 이유가 있을 거라고 생각했다. 매일같이 시를 썼듯이 글을 써 나갔다. 원고를 써서 수많은 출판사에 보냈다. 모두 퇴짜를 맞았다. 결국 3년 반이 지난 시점, 500번 정도의 거절 끝에 바움출판사와 출판 계약을 하게 되었다. 그리고 3개월 후 내 인생의 첫 책이 탄생하게 되었다.

책을 펴내자 나의 삶은 완전히 달라졌다. 사람들은 나를 작가

님, 코치님, 강사님, 소장님, 대표님으로 불렀다. 많은 사람들이 서점에서 내가 쓴 책들을 구입해서 읽었다. 어떤 사람들은 내가 쓴 책 전권을 구입해서 읽기도 했다. 내 책을 읽은 사람들 가운데 많은 사람들이 열성적인 나의 마니아가 되었다. 책이 나에게 살아갈 희망을 주었다면 그들에게 나의 책은 꿈과 용기를 주었다.

🏃 교회를 세우는 것보다 복음이 담긴 책 한 권을 써내는 것이 더 낫다

우리나라에는 교회들이 참 많다. 많아도 너무 많다. 편의점의 숫자와 비교해도 엇비슷하지 않나 하는 생각이 들 정도다. 얼마 전 밤중에 서울 강남으로 차를 몰고 가다 내비게이션을 보고 깜짝 놀랐다. 내비게이션 모니터 화면에 '십자가' 그림이 셀 수 없이 많았기 때문이다. 그 수가 편의점 수와 비슷했다. 그런데도 교회들은 지금도 계속 생겨나고 있다. 나는 교회 하나가 생겨나면 목사와 여러 명의 전도사 등의 '밥줄'이 생겨난다고 생각한다. 그들에게 직장이 생겨나는 것이다.

직장은 월급을 주고 노동을 제공받는 곳이다. 돈과 노동을 교환하는 것 자체가 계산적이다. 돈과 노동을 교환하는 대부분의 조직에서 진심이나 사랑과 같은 고귀한 감정이 싹틀 리 만무하다. 월급을 받고 복음에 대해 설교하는 목사나 전도사들 역시 그렇지 않을까 생각해 본다.

대형교회나 이제 막 시작한 개척교회나 더 많은 신도를 모으려고 기를 쓴다. 신도들이 돈이기 때문이다. 신도의 숫자만 보고서도 매월 헌금이 어느 정도 들어오는지 알 수 있다. 물론 극소수이겠지만 순수한 사랑으로 하나님을 섬기는 종교 지도자들도 있다. 그러나 평생을 어떤 대가도 바라지 않고 가난하고 병든 사람들을 위해 봉사하는, 마더 테레사 수녀와 같은 종교인들이 과연 몇이나 될까? 마더 테레사 수녀는 진정한 빛의 일꾼이다.

교회를 세우는 것보다 복음이 담긴 책 한 권을 써내는 것이 더 낫다. 나는 이런 진리를 많은 종교인들이 알았으면 좋겠다. 책 한 권을 펴내게 되면 수천 권에서 수만 권의 책들이 세상을 다니며 복음을 전파하게 된다. 책은 우리가 갈 수 없는 곳에도 들어가 읽힌다. 입으로 전달하는 것은 왜곡되거나 오해를 불러일으킨 소지가 있다. 하지만 책은 읽는 사람에게 감동을 불러일으킨다. 말로 했을 때보다 더 크게 감화하게 된다. 그 이유는 책에는 권위가 담기고 아우라가 묻어나기 때문이다. 일반 사람들이 책을 펴낸 저자를 함부로 대하지 않고 깍듯이 예의를 지키는 이유다.

☆ 책을 쓰는 일은 하나님의 절대적인 명령이다

책을 쓰는 일은 하나님의 절대적인 명령이다. 모든 사람에게는 고유한 경험과 삶의 지혜가 있다. 이것을 책으로 펴낸다면 세상은 그만큼 진보하게 된다. 지금 우리가 누리고 있는 모든 것들은 먼저 살았던 사람들, 같은 시대를 살고 있는 사람들의 경험과 지혜 덕분이다. 사람으로 태어나 자신의 스토리를 책으로 펴내지 않고서 죽는다는 것은 너무나 허무한 일이다. 노인 한 명이 죽으면 하나의 도서관이 불타는 것과 같다. 세상에서 가장 귀한 것이 지식과 경험, 지혜라는 것을 기억해야 한다.

하나님은 책의 힘이 얼마나 대단한지 알고 계신다. 그래서 수십 명의 공저자가 함께 쓴 《성경》이 세상에 나올 수 있었다. 《성경》에는 수많은 사람들의 드라마가 담겨 있다. 그들의 지식과 경험, 지혜로 가득 차 있다. 그래서 사람들은 《성경》을 지혜의 보물창고라고 말한다. 세상에 나온 지 수천 년이 지난 지금까지도 전 세계에서 가장 많이 팔리는 책 1위에 《성경》이 올라 있는 이유다.

하나님은 당신이 책을 쓰기를 원하신다. 자신의 지식과 경험, 지혜를 다른 사람들과 공유하기를 원하신다. 더 이상 미루지 말고 당장 책을 써야 하는 이유다. 책을 써내게 되면 당신의 삶은 더욱 단단해지고 성장하게 된다. 당신이 가진 지혜의 칼날은 더욱 빛나게 된다. 아직 자신의 소명을 찾지 못한 사람들은 자신이 살아가는 이유를 깨닫게 된다.

만사를 제쳐 두고 책부터 써내라. 혼자 쓰기 힘들다면 내게 도움을 받는 것도 좋다. 시간과 에너지를 최대한 줄이도록 단 한 달 만에 원고를 써서 출판사와 계약할 수 있는 책쓰기 기술과 원리를 전수해 줄 것이다. 내가 과거에 책을 써서 인생을 변화시켰듯이 당신 역시 그렇게 되기를 간절히 바란다.

하나님은
당신이 원하는 것을
원한다

🏃 하나님의 자녀로서
주위 사람들의 눈치를 볼 이유가 없다

"당신은 사람들의 눈치를 보는가? 하나님의 눈치를 보는가?"

나는 주위 사람들의 눈치를 보지 않는다. 하나님의 눈치만 본다. 하나님의 자녀로서 주위 사람들의 눈치를 볼 이유가 없기 때문이다. 우리는 각자의 삶을 살아가고 있다. 지구별에서의 삶은 우리가 천국에 있을 때 모두 계획했던 것들이다. 그 계획들을 실행에 옮김에 있어 다른 사람들의 눈치를 보게 되면 계획들은 틀어지게 된다. 진짜 삶을 살 수 없게 되는 것이다.

사람들은 자신이 원하는 것이 무엇인지 잘 알고 있다. 그러나 부모님과 형제, 주위 사람들의 시선 때문에 자신이 원하는 것을 하기보다 그들이 원하는 것을 택하는 경우가 많다. 내가 좋아하는 것을 택하면 가족과 주위 사람들에게 이기적인 사람으로 비쳐질까 봐 두려운 것이다. 그래서 가슴이 시키는 것을 하기보다 머리가 시키는 것을 하게 된다. 진정한 행복감을 느끼지 못하고 가슴 한구석이 공허한 이유다.

나는 내가 원하는 것이 하나님이 원하는 것임을 잘 알고 있다. 나와 하나님은 연결되어 있기 때문이다. 내가 책을 읽고 싶다는 것은 하나님이 책을 읽고 싶어 하신다는 것이다. 글을 쓰고 싶다는 것은 하나님이 글을 통해 스스로를 드러내고 싶다는 뜻이다. 내가 벤츠 자동차를 사고 싶다거나 명품 가방을 사고 싶다는 것은 하나님께서 그것을 직접 체험해 보고 싶다는 것이다. 내 안에서 욕망이 생겨날 때면 하나님이 이렇게 생각한다고 받아들인다.

'나의 사랑하는 아들아, 나는 그것을 가지고 싶다. 그것을 직접 체험해 보기를 원한다.'

그러나 대부분의 사람들은 욕망을 가지는 것에 대해 당당하지 못하다. 마치 가져서는 안 되는 것을 가진 것처럼 떳떳하지 못하다. 그들이 자신이 이루고 싶은 꿈이나 소유하고 싶은 물건들 등에 대해 자신 있게 말하지 못하는 이유다. 하지만 나는 그렇지 않다. 내가 소망하는 것이 있으면 그것을 가지겠다고 자신 있게 말한다.

"나는 벤츠 자동차를 구입하겠습니다."

"나는 올해 10권의 책을 출간하겠습니다."

"나는 하루 만에 1억 원의 수익을 올리겠습니다."

"나를 만나는 사람들은 모두 꿈을 성취하고 성공하는 삶을 살게 됩니다."

"나는 내가 원하는 모든 것을 가질 수 있습니다."

이렇게 당당하게 말한다. 이렇게 선포하면 내가 바라는 것들이 성취되고 있다는 느낌이 들기 시작한다. 내가 소망하는 것들을 실현하기 위해 우주가 분주하게 활동하기 시작했다는 의미다. 그러면 얼마 지나지 않아 내가 바라는 것들은 외부에 모습을 드러내게 된다. 이것은 그동안 내가 소망했던 모든 것들을 실현했던 비결이다.

하나님은 당신이 원하는 것을 원한다. 당신이 원한다는 것은 하나님이 원한다는 의미다. 따라서 소망하는 것이 무엇이건 간에 실현될 수밖에 없다. 《성경》에 보면 "믿음은 바라는 것들의 실상이요 보지 못하는 것들의 증거니"라는 말이 있다. 당신이 무엇을 바라건 그것은 원래부터 당신의 것이기 때문에 소망하는 것이다. 그러니 만큼 그것을 가지겠다는 욕망을 가지는 것은 자연스러운 일이다.

🏃 기적은 의식 뒤에 따라온다

하나님으로부터 받은 것을 취하는 것은 나쁜 것이 아니다. 오히려 칭찬받아 마땅한 일이다. 다만 소망하는 것이 있다면 나의 마음과 목적하는 바를 하나가 되게 해야 한다. 믿음이 그것과 합일해야 한다는 말이다. 단기간에 성취하는 비결은 그것과 하나가 되는 것이다.

예수께서는 "나를 믿는 사람은 내가 행하는 일을 그도 행할 것이요, 나보다 더 큰일도 행할 것이다."라고 말했다. 여기서 말하는 '나'는 '의식(I AM)'을 말한다. 의식은 전지전능하다. 그렇기 때문에 이루지 못할 것이 없다. 이 진리를 아는 사람은 깨달은 사람이다. 깨달은 사람이 되면 예수께서 이룬 일보다 더한 일도 성취할 수 있다는 말이다.

사람은 자신이 상상하는 것까지만 실현할 수 있다. 그동안 당신이 이루어 낸 일들을 떠올려 본다면 모두 자신이 원했고 상상했던 것들임을 알 수 있다. 나는 이만큼 원했는데 저절로 더 크게 실현되는 일은 일어나지 않는다.

사람들이 말하는 기적 역시 의식 뒤에 따라온다. 과거에 어떤 생각을 떠올렸기 때문에 현재 혹은 미래에 그 일이 일어나는 것이다. 다만 우리는 과거에 어떤 생각을 했는지 일일이 기억하지 못한다. 그렇기 때문에 현재 일어난 일만 보고서 기적이라고 말할 뿐이다.

주도적인 인생을 사는 사람들은 남의 눈치를 보지 않는다. 다른 사람들의 생각이나 말과 행동에 휘둘리지 않는다. 마음에 중심이 있기 때문에 옳고 그름이 확실하다. 대중들이 우르르 달려간다고 해서 같이 따라가지 않는다. 오히려 대중들이 넓고 안전한 길로 가려고 할 때 좁고 불편한 길로 향한다. 대중들이 가는 길이 무조건 옳은 길이 아니라는 것을 알기 때문이다.

주위 사람들의 눈치를 보는 사람들은 대부분 직장인 마인드를 가진 사람들이다. 이들은 주위 사람들의 눈치를 보느라 여념이 없다. 음식점에서 식사를 주문할 때도, 백화점에서 옷을 고를 때도, 서점에서 책을 고를 때도 눈치를 보며 고른다. 그러다 보면 내가 원하는 것들이 아닌 다른 사람이 원하는 것들을 가지게 된다. 이런 식으로 수십 년을 살아왔다. 그동안 해 놓은 것들은 내가 원하는 것이 아닌 부모, 형제, 주위 사람들이 추천해 주거나 그들이 바라는 것들이 대부분이다. 내 인생이지만 정작 나는 빠져 있는 것이다.

그러다 보면 나이가 들수록 자기 자신이 빈 쭉정이 같다는 생각이 들게 된다. 눈치를 보며 사는 사람들의 삶은 성장하지 않는다. 현재가 과거와 다를 바 없다. 다가오는 미래 역시 현재와 별반 다르지 않을 것이다. 그들이 매일 미래에 대해 불안감을 가지는 원인은 여기에 있다.

✖ 천국은 특정한 장소를 말하는 것이 아니라 '느낌'에 있다

예수께서는 "무지가 죄의 원인"이라고 말했다. 이제부터라도 욕망에 대해 당당해져야 한다. 욕망은 좋은 것, 선한 것이라고 생각을 전환해야 한다. 《성경》에 "심령이 가난한 자는 복이 있나니 천국이 저희 것임이요."라는 말이 있다. 여기서 말하는 가난한 자는 겸손하거나 청빈한 삶을 사는 사람을 말하는 것이 아니다. 오히려 그 반대다. 현재에 만족하지 않고 더 큰 욕망을 가지고 그것을 성취하기 위해 노력하는 사람을 말한다. 이런 사람은 자신이 목적하는 것을 이루는 과정에서 행복감을 느끼게 된다. 천국은 특정한 장소를 말하는 것이 아니라 '느낌'에 있다.

"천국에 있는 느낌이다!"
"마치 천국에 온 것 같다!"

이런 느낌이 들 때 우리는 순간 천국에 임한 것이다. 이런 천국 같은 느낌을 순간이 아니라 오래도록 유지할 수 있다면 우리는 지구별에 살면서도 천국처럼 살게 되는 것이다.

당신은 지금까지 이룬 것에 만족해선 안 된다. 하나님이 주신 것들 가운데 지극히 작은 것들의 포장지만 벗긴 상태다. 더 큰

하나님은 당신이 원하는 것을 원한다

욕망을 가지고 하나님이 주신 더 많은 것들을 받아야 한다. 하나님의 자녀로서 당연히 가져야 하는 권리다.

그동안 욕망을 가지는 것에 대해 죄책감을 가졌다면 더 이상 그럴 필요 없다. 하나님도 욕망을 가지고 천지를 창조하셨다. 그리고 매 순간 우리에게 더 많은 것들을 바라시고 계신다. 당신이 원하는 것들을 하나님도 원하신다는 것을 기억해야 한다.

인정하고
믿으면 소원은
이루어진다

🏃 당신은 시련을 견디는 자인가,
시련에 굴복하는 자인가?

　대부분의 사람들은 시련이 닥치면 좌절한다. 얼마 전까지 자신의 미래가 밝을 거라며 큰소리쳤던 모습은 온데간데없다. 나는 어떤 시련이 닥쳐도 견뎌 낸다. 때로 목숨이 위태로운 지경이 되어도 굴복하지 않는다. 굴복하는 순간 나의 삶은 정지하게 되기 때문이다. 오히려 시련을 극복하는 과정에서 깨달음을 얻는다. 깨달음은 나를 성장시켜 주는 지혜가 되어 준다.

　하나님은 모든 사람들에게 인생을 바꿀 수 있는 씨앗을 심어 주셨다. 그 씨앗은 시련 속에 숨어 있다. 씨앗은 꼭 필요한 시기에 싹트고 줄기를 말아 올린다. 자신에게 왜 시련이 찾아왔으며,

그것을 통해 무엇을 배울 것인지 아는 사람은 시련을 통해 꽃을 피운다. 이전과는 완전히 다른 삶을 살게 되는 것이다.

나는 그동안 살면서 깨달은 것이 있다. 평범한 사람에게는 큰 시련이 닥치지 않지만 비범하거나 특별하게 살고자 하는 사람에게는 보통 사람은 감당할 수 없을 정도의 시련이 닥친다는 것이다. 각자의 의식의 크기에 맞는 시련이 닥친다고 보면 된다. 어떤 시련도 이겨 내지 못할 시련은 없다. 하나님은 자녀인 우리를 짓뭉개 버리는 시련은 주시지 않는다.

《성경》의 〈야고보서〉에 보면 이런 말이 있다.

"내 형제들아 너희가 여러 가지 시험을 당하거든 온전히 기쁘게 여기라, 이는 너희 믿음의 시련이 인내를 만들어 내는 줄 앎이라."

이 세상에서 누리는 모든 것들은 영적 세계에서 넘어온 것이다. 앞으로 우리가 갖고 싶은 것들 역시 보이지 않는 세계에서 비롯된다. 누군가에게 시험이 주어지는 것은 영적인 성장에 필요하기 때문이다. 영적인 성장이 이뤄진다면 다른 모든 것들은 알아서 채워지게 된다.

살면서 여러 시험들을 당하게 되면 하나님께 감사해야 한다. 필요한 것을 받았으니 마땅히 감사해야 하는 것이다. 시련 가운데 고통이 있어도 믿음의 잔을 끝까지 들고 있어야 한다. 시련은 우리가 어떤 죄를 지었기 때문에 닥친 것이 아니다. 우리에게 필요하기 때문에 주어진 것이다. 시련은 대나무의 마디와 같다. 우리를 더 단단하게 세우시기 위한 하나님의 트레이닝 과정이라고 보면 된다. 시험을 극복하는 과정에서 우리는 깨달음, 사랑, 믿음, 행복, 용기, 감사 등의 선물을 받게 된다.

🏃 끝까지 견디는 자는 구원을 받는다

끝까지 견디는 자는 구원을 받는다. 그러니 만큼 겪는 모든 일들에 감사해야 한다. 어떤 고통을 당하고 억울한 일을 당하더라도 하나님에 대한 믿음을 놓아선 안 된다. '지금 내가 바라는 것들이 다가오고 있어!', '지금 일어나는 일련의 힘든 일들은 내가 소망하는 일들이 일어나고 있다는 조짐이야!', '모든 것이 다 잘되고 있어!'라고 생각해야 한다. 당신이 지금 어떤 힘든 일을 겪고 있다면 잘되고 있는 것이다. 지금의 힘든 시간을 잘 이겨내면서 그 과정에서 깨달음을 얻어야 한다. 그 깨달음이 당신을 성장으로, 구원으로 이끌 것이다.

나와 하나님은 하나다. 하나님은 내가 큰 소리로 울부짖지 않아도 원하는 것에 대해 알고 있다. 매 순간 원하는 것들을 상상할 때마다 하나님에게 가 닿는다. 하나님은 우리의 상념을 통해 활동하신다. 그동안 우리가 어떤 것들을 성취할 수 있었던 것은 생각 내지 상상을 통해 하나님을 움직인 결과라고 보면 된다. 나는 원하는 것들이 있으면 반드시 그것이 실현된다고 믿는다. 그리고 결과에서 상상한다. 결과에서 상상할 때 창조가 일어나기 시작한다. 그동안 내가 실현한 모든 것들은 이렇게 우주의 법칙을 통해 현현된 것이다.

《성경》의 〈야고보서〉에 보면 "사람이 시험을 받을 때에 내가 하나님께 시험을 받는다 하지 말지니"라는 문구가 있다. 하나님은 결코 우리에게 시련을 안겨 주시지 않는다. 각자에게 주어지는 시련은 하나님이 우리에게 하신 약속의 실현이다. 하나님은 우리가 무엇을 간구하는지 잘 알고 계신다. 그렇기 때문에 그것을 받을 수 있는 크고 단단한 그릇으로 만들기 위해 담금질하시는 것이다. 성장과 발전, 깨달음을 위해 필요하기 때문이다. 힘든 일이 생기면 하나님이 소망을 실현해 주시겠다고 하신 약속을 실행 중이라고 믿어야 한다. 시련은 변형된 축복이다.

🏃 무엇이든지 기도하고
구하는 것은 받은 줄로 믿으라

"왜 하나님은 제 기도를 들어주시지 않는 걸까요?"

많은 사람들이 아무리 기도를 해도 응답이 이루어지지 않는다고 토로한다. 그들은 자신들이 응답받지 못하는 기도를 했기 때문이라고 생각하지 않는다. 그저 눈물을 흘리면서 큰 소리로 울부짖으며 기도하면 들어주실 거라고 믿기 때문이다. 기도는 시간이 아니라 믿음이 전부다. 그런 만큼 공허한 울림을 주는 기도를 해선 안 된다. 그런 기도는 백 날 천 날 해 봐야 응답받지 못한다. 애원의 기도가 아닌 믿음의 기도를 해야 하는 이유다. 믿음의 기도는 무조건 달라고 하는 애원이 아니라 이미 나에게 주어졌다는 믿음에서 하는 기도다.

예수께서는 "무엇이든지 기도하고 구하는 것은 받은 줄로 믿으라. 그리하면 너희에게 그대로 되리라."라고 말했다. 하나님께 구하는 기도를 할 때 이미 내 것이 되었다는 믿음으로 기도해야 한다. 이미 내 것이 되었다는 결과에서 기도를 하는 것이다.

나는 오감이 가져다주는 느낌을 거부하고 육감, 즉 상상을 동원해 그것이 이루어졌다는 사실을 받아들인다. 이미 영적인 세계에서는 완결되었기 때문에 굳이 몇십 분씩 기도할 필요가 없다. 주저리주저리 길게 기도할수록 불안과 의심으로 가득 찬 기도를 하게 되는 격이다. 하나님이 꼭 들어주신다는 것을 믿지 못하기 때문에 하나님께 확답을 받기 위해 하는 기도가 되고 만다. 이런 기도는 이뤄지지 않는다.

100퍼센트 응답받는 기도법에 대해 좀 더 자세히 알고 싶다면 유튜브 〈김도사TV〉의 '100% 이루어지는 기도하는 방법' 영상을 보면 된다. 많은 사람들이 이 영상을 보면서 제대로 된 방법으로 기도해 하나님으로부터 응답을 받고 있다.

나는 당신을 일으킬 수도 있고 쓰러뜨릴 수도 있다.

나는 당신을 위해 일할 수도 있고 당신의 일을 방해할 수도 있다.

나는 당신을 성공하게 만들 수도 있고 실패하게 만들 수도 있다.

나는 당신의 느낌과 행동을 통제한다.

나는 당신을 웃게 할 수도, 일하게 할 수도, 사랑하게 할 수도 있다.

나는 당신의 마음을 즐겁게 할 수도, 흥분되게 할 수도, 신나게 할 수도 있다.

또한 나는 당신을 비참하게도 낙담하게도 우울하게도 만들 수 있다.

나는 결코 사라지지 않는다. 다만 다른 것으로 바뀔 뿐이다.

나는 무엇일까?

바로 '생각'이다. 어떤 생각을 가지느냐에 따라 성공과 실패가 결정된다. 갈수록 성장하는 사람들은 자신이 가고자 하는 목적지에 대한 확신과 믿음을 가지고 있다. 그들은 보이는 현실에 의해 걷는 것이 아니라 믿음에 의해 걷는다. 당신이 성취하고자 하는 욕망은 하나님의 말씀이다. 하나님은 당신이 원하는 것을 원하신다. 당신이 바라는 욕망은 믿음이라는 햇볕이 내리쬘 때 이루어진다.

당신은 세상에서 가장 귀하고 소중한 존재다. 어떤 고통이 따르더라도 끝까지 견디는 자가 되어야 한다. 정상으로 향하는 과정에서 불안하고 두렵다면 김도사를 찾아오면 된다. 내가 당신의 편에 서서 함께 걷겠다. 나는 당신이 더 크게 성공하리라는 것을 믿는다.

억만장자의
마인드를
가져라

"당신은 사업가의 마인드를 가졌는가, 하녀의 마인드를 가졌는가?"

사람은 자신의 마인드 크기만큼 성공한다. 나는 그동안 수많은 여자분들을 만나 나의 지식과 경험, 삶의 깨달음을 전해 주었다. 그들을 만나면서 두 부류가 있음을 알게 되었다. 시장에서 콩나물 1,000원 어치를 사면서도 100원을 깎는 하녀의 마인드를 가진 부류와 금액보다 가치를 보는 부류다. 정확하게도 그들은 자신의 마인드 크기대로 살고 있었다. 그들이 평소 바라는 삶을 살고 있는 것이다.

하녀의 마인드를 가진 사람은 스스로를 메뚜기 정도로 여긴다. 자신이 할 수 있는 일은 그저 남편 뒷바라지에다 자녀 양육

이 전부라고 생각한다. 자신의 인생은 보잘것없다는 생각을 갖고 있기 때문에 스스로를 계발할 생각을 하지 않는다. 가끔 서점에 들러 베스트셀러 몇 권을 구입하고선 몇 페이지 읽는 게 고작이다. 누군가를 만날 때도 그 사람이 나에게 어떤 자극이나 유익함을 주는지를 따져 보기보다 자신과 비슷한 처지의 사람인지를 따진다. 인생에서 가장 소중한 시간을 동네 카페에서 수다 떨기로 흘려보낸다. 일 역시 손에 잡히는 대로 처리하다 보니 종종 중요한 일을 놓치곤 한다.

사업가의 마인드를 가진 사람은 당장 눈앞만 보고 행동하지 않는다. 보다 넓게 멀리 본다. 그들은 자신의 인생의 크기에 대해서 알고 있다. 사람을 만날 때도 나에게 필요한 사람들 위주로 만난다. 일할 때도 무작정 처리하지 않는다. 우선순위를 정해서 하나씩 처리해 나간다. 인생에서 가장 중요하고 가치 있는 것은 돈이 아닌 시간이라 여긴다. 항상 시간적 가치를 따져 보고 물건을 구매하거나 교육과정을 선택한다.

🏃 살아가는 동안 하녀가 아닌 여왕처럼 살아야 한다

성공과 실패, 더 나은 삶과 멈춰진 삶. 삶을 결정하는 것은 마인드다. 하녀의 마인드를 가진 사람은 부엌이라는 좁은 공간에서 매일 비슷한 요리를 만드는 일을 하게 된다. 자신의 인생은 드넓은 바다처럼 끝이 없지만 몇 평 안 되는 공간에 갇혀 지내는 것이다. 대저택에 살면서 자그마한 꽃밭을 가꾸는 것과 다를 바 없다.

인간의 삶의 창조는 마인드에 달려 있다. 평소 자주 자신이 좋아하는 일을 하면서 크게 성공하는 상상을 하는 사람은 그러한 삶을 살아가게 된다. 자신이 원하는 삶을 사는 데 있어 배경이나 스펙 같은 것들은 필요가 없다. 우주는 우리가 알지 못하는 방식으로 길을 만들어 주기 때문이다. 특히 하나님께서 우리를 위해 하시는 일들은 인간의 지식으로는 도저히 이해할 수 없다.

에스더, 제리 힉스 부부가 쓴 《유인력 끌어당김의 법칙》에 보면 이런 말이 나온다.

"지금 우리가 가진 소망은 지금 당신의 처지나 상황이 어떠하든, 지금 당신이 어떤 존재 상태이든 관계없이, 현재 당신이 서 있는 삶의 자리로부터 자신이 원하는 어떤 삶의 자리로도 옮겨 갈 수 있다는 사실을 당신이 이해하도록 돕는 것입니다. 진정 당신이 알아야 할 가장 중요한 것은, 그 순간 속에서 당신의 심리 상태 또는 당신의 태도야말로 당신이 어떤 것을 더 많이 끌어오게 될지를 결정한 우리가 사는 동안 죽음 외에는 아무것도 정해진 것이 없다. 우리가 어떤 사고와 태도를 가지느냐에 따라 삶은 현저히 달라진다. 살아가는 동안 하녀가 아닌 여왕처럼 살아야 한다. 우리가 이 세상에 온 목적은 하녀처럼 뼈 빠지게 고된 일만 하다가 죽기 위함이 아니다. 하나님의 소중한 자녀인 당신은 살면서 원하는 모든 것들을 경험하기 위해서 태어난 것이다. 그것도 최고의 경험 말이다.

최고의 경험은 행복감과 충만함을 안겨 준다. 하나님은 당신을 통해 그러한 감정을 대리 만족하고 계신다. 그러니 당신이 자유롭고 행복한 삶을 살 때 하나님 역시 최고의 감정을 느끼시는 것은 당연한 이치다.

🏃 인생에서 가장 중요한 것은 시간이다

나는 부유하지만 항상 시간에 쫓기고 힘든 가사 일을 혼자서 도맡아 하는 주부들을 많이 봤다. 그들 가운데 한 사람이 떠오른다.

재산이 100억 원가량이나 되지만 그녀의 모습은 하녀와 다를 바 없다. 아이들을 유치원에 등원시키는 것부터 마트에서 장을 보고 요리하는 것, 100평의 집 안을 청소하는 일, 각종 소소한 일까지 직접 챙기는 것을 보면서 굳이 저렇게 살 필요가 있을까, 하는 생각이 들었다. 남들은 그녀를 보며 부자라고 생각하지만 안을 들여다보면 하녀와 같은 삶을 살고 있기 때문이다. 재산이 아무리 많아도 혼자서 다 해내려고 한다면 그것은 부유한 삶이 아니다. 오히려 풍요 속의 거지다.

나는 그녀에게 이렇게 조언했다.

"인생에서 가장 중요한 것은 시간입니다. 혼자서 다 하려고 하지 말고 파출부 아줌마를 쓰세요. 4시간 부르는 데 5만 원이면 됩니다. 집 안 청소하는 것이며 요리하는 것까지 그분이 더 잘하세요. 그렇게 아낀 시간과 에너지를 삶에서 가장 중요한 부분에 쓰세요."

그러자 돌아오는 대답은 이랬다.

"내가 직접 하면 되는데 굳이 돈 써 가며 그럴 필요가 없지요. 나는 청소하고 요리하는 일이 재밌어서 하는 거예요."

그녀는 지금도 혼자서 밥하고, 빨래하고, 장 보고, 청소하고 다 한다. 하고 있는 모습을 보면 영락없는 파출부 아줌마. 하지만 정작 자신 스스로를 볼 줄 모른다. 그녀는 평생을 그렇게 분주하게 살면서 인생에서 가장 소중한 자신을 놓치며 살 것이다.

🏃 지금 당장 마인드를 바꾸지 않으면 평생을 가난하게 살게 된다

내가 하는 생각은 비슷한 것들을 끌어당긴다. 의식 속에서 어떤 생각을 하든지 간에 그것은 곧 현실에 나타나게 된다. 마인드가 작은 사람은 오두막집과 같은 작은 그림을 그릴 수밖에 없다. 오두막집에 사는 사람은 큰 욕심 없이 하루 세끼 밥을 먹을 수 있는 것에 만족해하며 살아간다. 발전이 없는 삶을 사는 것이다.

마인드가 큰 사람은 욕망이 크다. 욕망은 비슷한 것들을 끌어당기게 된다. 그는 욕망을 실현시키기 위한 일련의 행동들을 할 것이다. 그렇게 하나하나 성취해 나갈 것이다. 하루 세끼 밥 먹는 것의 만족을 넘어서 자아실현을 해 나가고자 할 것이다. 부단히 자기계발을 할 것이다. 그 과정에서 원석이었던 자신을 빛나는 보석으로 거듭나게 할 것이다.

남은 삶을 지금처럼 보내고 싶은가? 그렇지 않다면 남는 시간에 동네 카페에서 비슷한 수준의 아줌마들과 모여 하릴없이 수다를 떨면 안 된다. 동네 카페에서 수다를 떨 시간에 '나'라는 원석을 갈고닦아야 한다. 꿈을 찾고, 그 꿈을 실현시킬 수 있는 방법에 대해 생각해야 한다. 내가 가진 지식과 경험, 삶의 지혜를 돈으로 바꿀 수 있는 비결을 배워야 한다. 바로 행동에 옮겨야 한다. 백날 죽치고 앉아 생각만 해 봤자 달라지는 것은 없다. 나이를 먹고 얼굴에 주름살이 느는 것 외에 똑같은 삶이 반복될 뿐이다.

지금 당장 마인드를 바꾸지 않으면 평생 가난을 면치 못하게 된다. 지금은 내 아이를 키우느라 시간이 없다. 하지만 아이가 크고 나면 한 푼이라도 벌기 위해 베이비시터로서 남의 아이를 키워야 할지도 모른다. 나는 이 책을 읽고 있는 당신이 자신의 마인드를 하녀의 마인드에서 사업가 마인드, 여왕의 마인드로 바꿔 보라고 말하고 싶다. 그러면 당신이 가진 마인드에 맞는 삶이 펼쳐질 것이다.

2배의
법칙을
실천하라

🏃 2배의 법칙은 단기간에 성공하고 부자가 되는 비법이다

당신은 2배의 법칙을 실천하고 있는가?

나는 일과 관계, 투자 등에서 2배의 법칙을 실천하고 있다. 2배의 법칙은 과거 집안 배경이나 스펙 등 어느 것 하나 내세울 것이 없었던 내가 지금처럼 경제적인 자유를 이룰 수 있었던 비결이다. 살아오면서 많은 실패를 경험했던 내게 하나님께서는 음성으로 이렇게 깨달음을 주셨다.

"태광아, 그동안 넌 남들보다 몇 배로 노력했다. 하지만 크게 나아지지 않은 데는 이유가 있다. 적게 투입해서 많은 것을 얻으려고 해선 안 된다. 이제부터는 2배의 법칙을 실천해서 백배로 크게 성취하는 삶을 살아야 한다."

나는 하나님의 말씀대로 2배의 법칙을 실천했다. 그러자 그전에 성취하지 못했던 것들을 경험하기 시작했다. 그동안 가난에 짓눌려 살다 보니 돈에 대해 두려움을 갖고 있었다. 그래서 어떻게든 적은 돈으로 보다 많은 것을 이루고 싶었다. 사실 적게 투자해서 큰 결과를 얻기는 힘들다. 가난한 사람들이 쉽게 사기를 당하는 이유가 여기에 있다.

과거에 나는 월세를 내는 위치에 있었지만 지금은 부동산 수십 채에서 월세를 받는 투자가의 위치에 있다. 월급을 받는 위치에서 지금은 직원들에게 월급을 주는 위치에 있다. 소망 중 하나였던 '제주도 해안가의 땅 주인 되기'는 몇 해 전에 실현되었다.

나는 나의 아내 권마담과 제주도 라마다호텔에서 결혼식을 올렸다. 그리고 결혼기념 선물로 제주도 해안가에 위치한 11억 원의 대지를 매입했다. 지금은 땅값이 올라 30억~40억 정도 된다. 자주 여기저기에서 펜션 내지 고급 주택을 건축하겠다며 연락을 해 오지만 팔지 않고 있다. 2배의 법칙을 실천한 후 성취한 것들을 열거하자면 헤아릴 수 없이 많다. 2배의 법칙은 《성경》에도 나오는, 단기간에 성공하고 부자가 되는 비법이다.

🏃 부자들은 물건을 살 때
가격보다 가치를 생각한다

대부분의 가난한 사람들은 평생을 가난에서 헤어나지 못한다. 그들의 사고가 '가난'이라는 질병에 걸려 있기 때문이다. 어떤 것을 살 때 가치보다는 가격을 보고 선택한다. 싸고 좋은 것을 선호한다. 원래 하나만 사려고 했던 것을 싸다는 생각에 2개씩이나 사기도 한다. 그렇게 구입한 것을 집에 처박아 두고 잘 쓰지도 않는다. 결국은 쓰레기가 되는 것이다.

세상에 싸고 좋은 것은 없다. 가치가 있거나 좋은 것은 비쌀 수밖에 없다. 진짜 부자들은 무언가를 살 때 충분히 고심해서 산다. 가격 때문이 아니라 가치를 따지기 때문이다. 가치가 있다고 생각된다면 그들은 가격쯤은 신경도 쓰지 않는다. 투자 개념으로 생각한다. 그것을 소유함으로써 몇 배 이상의 이익을 거둬들일 수 있기 때문이다.

사고는 모든 것을 잉태하는 어머니의 자궁과 같다. 사고를 '부'로 가득 채우지 않는 이상 그들의 삶에는 어떤 변화도 일어나지 않는다. 당신이 아직 부자가 아니라면 나처럼 '2배의 법칙'을 실천해야 한다. 나는 자주 크게 성공하고자 한다면 '2배의 법칙'을 실천하라고 말한다. 2배의 법칙은 누구나 실천할 수 있는 간단한 성공 원리다.

어떤 사람이 당신에게 밥 한 끼를 사 달라고 부탁한다면 밥 한 끼만 사 주지 말고 가까운 커피숍에서 커피도 한 잔 대접해 보자. 상대가 형편이 어려운 사람이라면 자리에서 일어날 때 10만 원을 손에 쥐어 주자. 누군가 10리를 함께 가 달라고 한다면 20리를 동행하자. 상대는 자신이 바라는 만큼 받게 되면 큰 감흥이 없다. 그런데 2배 이상을 받게 되면 감동하게 된다. 진심으로 감사함을 가지게 되고 은인으로 여기게 된다. 평생 이 은혜는 잊지 않겠다고 여긴다. 이는 상대의 마음을 얻고 내 사람으로 만드는 비결이다.

사업 역시 마찬가지다. 어떤 창업을 계획함에 있어 1억 원이 든다고 가정한다면 2억 원을 준비해야 한다. 1억 원으로 시작한 창업이 계획대로 수익이 나지 않는다면 심리적으로 불안해지고 신경에 예민해지게 된다. 부부 간에 말다툼이 생기고 불화로 이어지게 된다.

만약 1억 원의 여유자금까지 더해 사업을 시작하게 되면 어떨까? 1년 정도 수익이 나지 않더라도 심리적으로 큰 압박이 없다. 가게 월세와 직원 월급 등을 델 자금이 있기 때문에 홍보와 마케팅에 더 집중할 수 있다. 그러다 보면 서서히 계획대로 수익이 나기 시작하게 된다. 대부분의 사람들이 창업했다가 1년도 안 가 망하는 이유는 얼마 정도의 기간만 버티면 수익이 난다는 프랜차이즈 업체나 누군가의 허무맹랑한 말만 믿었기 때문이다.

결국 가게 월세와 직원들 월급을 줄 여유자금이 없어 문을 닫게 되는 것이다.

✘ 창업 자금을 넉넉하게 2배로 준비하라

많은 사람들이 내게 책쓰기와 돈 버는 법, 성공하는 법에 대해 배웠다. 그들 가운데 한 달에 수억 원에서 수천만 원의 수익을 올리는 이들도 많다. 내가 그들에게 입버릇처럼 했던 말이 1인 창업에 드는 비용을 2배로 마련하라는 것이었다. 창업 자금이 2,000만 원이라고 한다면 4,000만 원을 준비하는 것이다. 그래야 마음 편하게 교육을 들으면서 창업을 차근차근 준비할 수 있기 때문이다. 자금을 2배로 준비해서 시작한다면 쫓기는 마음 없이 초심을 잃지 않고 계획했던 대로 해 나갈 수 있다.

《성경》의 〈로마서〉에 이런 말이 있다.

"어떤 사람은 모든 것을 먹을 만한 믿음이 있고 믿음이 연약한 자는 채소만 먹느니라."

성공자들은 자신의 계획이 이루어진다는 믿음을 갖고 있다. 자신이 실행하면 어떤 일이 따르더라도 결국 이루어지고 만다는 믿음. 그래서 과감히 2배의 법칙을 실행할 수 있는 것이다. 어떤 행동을 하기 전에 믿음이 전제되어야 한다. 믿음이 없이는 행동이 따르지 않는다. 그들은 믿음으로 보이지 않는 세계에서 보이는 것들을 불러낸다. 그러나 가난한 사람들은 믿음이 결여되어 있다. 자신의 계획이 결코 이루어지지 않을 거라고 생각한다. 필요한 모든 것이 내 안에 있다는 믿음이 없는 탓이다.

《성경》의 〈요한복음〉에서 저자는 이렇게 말한다.

"내가 아버지 안에 거하고 아버지는 내 안에 계신 것을 네가 믿지 아니하느냐. 내가 너희에게 이르는 말은 스스로 하는 것이 아니라 아버지께서 내 안에 계셔서 그의 일을 하시는 것이라."

인간이란 육적으로 보면 한계 덩어리에 불과하다. 그러나 영적으로 보면 무한한 능력을 가진 전지전능한 존재다. 지금 내가 하는 일을 영적으로 봐야 한다. 내가 하는 일은 하나님께서 하시는 일이다. 하나님이 하시는 일에 결코 실패란 있을 수 없다. 나는 코칭하는 일과 사업 경영에서 믿음을 갖고 시작한다.

🏃 백배로 크게 성공하려면 2배의 법칙을 실천하라!

예수께서 이런 말을 했다.

"내가 진실로 진실로 너희에게 이르노니 나를 믿는 자는 내가 하는 일을 그도 할 것이요, 또한 그보다 더 큰일도 하리니."

나는 이 말을 좋아한다. 나는 내 안에 계신 하나님을 믿는다. 나와 하나님은 진정 하나이기 때문에 내가 하는 일은 하나님이 하시는 일이 된다. 정말 평범함 이하였던 내가 지금처럼 보통 사람들은 상상도 할 수 없는 수많은 일들을 성취해 낼 수 있었던 것은 하나님과 함께 동업했기 때문이다.

우리가 누리는 모든 것은 하나님으로부터 말미암아 나온 것이다. 우리는 강한 믿음으로 하나님을 향해야 한다. 스스로를 믿는 사람은 하나님을 믿는다. 온전히 믿는 자는 자신이 바라는 것을 받을 수밖에 없는 존재가 된다. 자신이 갖고 있는 모든 역량을 쏟게 된다.

나는 나 자신이 하나님께서 만드신 천재라고 여기고 있다. 천재란, 지금의 조건과 주위 환경을 극복해 잠재능력을 확장시킨 사람을 말한다. 사람은 자신이 믿는 만큼만 성취해 낸다. 믿음의 크기가 클수록 더 큰일을 할 수 있다. 사람들이 일에서 실패하는 이유는 스스로를 작게 여기기 때문이다. 그래서 작은 시련에 넘어지게 된다.

큰사람은 하나님의 사람이다. 하나님의 사람은 2배의 법칙을 실천한다. 당장은 손해 보는 듯하지만 곧 하나님이 차고 넘치게 부어 주실 것임을 믿는다. 나는 오늘도 내가 소망하는 것을 향해 당당하게 믿음으로 걷고 있다.

"백배로 크게 성공하려면 2배의 법칙을 실천하라!"

부정적인
말이나 생각도
우주에 보내는
주문이다

🏃 우리가 하는 생각은 그대로 우주에 전달된다

우리가 하는 생각과 말에는 에너지가 담겨 있다. 어떤 생각과 말을 하게 되면 우주는 우리의 소망을 실현시키기 위해 분주하게 움직이기 시작한다. 우주는 우리가 하는 생각이나 말이 선한지, 악한지에 대해 판단하지 않는다.

"나는 왜 돈이 없을까?"
"나는 되는 일이 하나도 없어."
"나는 평생 빚만 갚다가 끝날 거야."

이런 말을 한다는 것은 마음속에 이런 생각이 가득하기 때문이다. 그래서 그 마음이 말로 표현된 것이다. 우리가 하는 생각은 그대로 우주에 전달된다. 우주는 내가 하는 말의 의미나 뜻을 이해하고 움직이지 않는다. 누군가 지금 가난한 현실이 지긋지긋하다는 생각에 "나는 왜 돈이 없을까?"라고 말했다고 생각해 보자. 그런다면 우주는 내가 돈이 없는 가난한 생활을 지속하고 싶다는 것으로 여긴다. 그 결과 그러한 상황을 현실에 나타나게 만든다. 계속 가난하게 살아가게 되는 이유다.

과거에 우주의 법칙에 대해 알지 못했던 나는 입만 열었다 하면 부정적으로 말했다.

"이번에 출간될 책도 보나마나 재판이나 찍고 말겠지."
"나는 왜 이렇게 힘들게 살아야 하지?"
"잘될 리가 없어."
"이번 일도 보나마나지 뭐."
"그냥 차라리 죽어 버렸으면 좋겠다."

지금에 와서 보면 내가 이런 말을 입에 달고 살았기 때문에 되는 일이 없었던 것이다. 나는 그동안 250권의 책을 출간했다. 우리나라에서 이렇게 많은 책을 출간한 사람은 본 적이 없다. 그동안 내가 책을 쓰는 일에 미칠 수밖에 없었던 이유가 있다. 찢어지게 가난한 집안 환경에다 아버지는 내가 28세 때 갑작스럽게 운명을 달리하셨다. 그때 남은 거액의 빚 유산은 고스란히 나의 힘으로 갚아야 했다.

나는 생계를 위해 '직장생활'이라는 아르바이트를 하며 책 쓰는 일에 목숨을 걸어야 했다. 책을 써서 받은 계약금과 인세로 생활비를 충당해야 했다. 고향에 계신 어머니에게 용돈을 드려야 했고 빚을 갚아 나가야 했다. 내가 가장 잘할 수 있는 일이 책을 쓰는 일이었다.

당시 나는 매일같이 전투적으로 책을 쓰면서도 내 책이 10만 부, 100만 부 베스트셀러가 되리라는 확신과 믿음이 부족했다. 입으로는 베스트셀러 작가가 될 것이라고 말했지만 내면 깊은 곳에선 반대되는 상태를 생각했다. 내가 바라는 것이 내 것이 되지 않을지 모른다는 의심 때문이었다. 나의 의심은 그대로 현실로 나타났다.

그러다 250권의 책을 출간하는 동안 그 어떤 작가들보다 빨리 주제를 기획하고 제목과 목차를 만들고 원고를 집필하고 출판 계약까지 해내는 원리와 방법을 알게 되었다. 하지만 100만 부를 판매한 작가는 되지 못했다. 내가 했던 생각과 말이 씨가 되었던 것이다.

과거 가난에 고통받고 있던 나는 자주 '죽음'에 대해 생각했다. 그냥 죽어 버리면 모든 것이 끝날 텐데, 왜 이렇게 힘들게 살아야 할까 생각했다. 실제로 술을 마시고 자살을 기도했던 적도 여러 번 있었다. 나는 작심하고 커터 칼로 손목을 그었다. 그런데 나는 용기가 없었다. 어쩌면 아직 내가 한 줄기 희망을 부여잡고 있어서였는지도 모르겠다. 칼날이 동맥 부분까지 깊숙이 들어가

지 못하고 표피만 긋게 되었다. 피는 났지만 나를 죽음에 이르게 하지는 않았다. 그때 나는 자살도 아무나 하는 짓이 아니라는 것을 알게 되었다. 나같이 일말의 희망이라도 있는 사람은 절대 자살을 하지 못한다는 것을 말이다.

그리고 몇 년 후 나는 죽음과 직면했던 사건을 겪게 되었다. 7년 전쯤 여름날이었다. 대구에서 살 때 내가 키우고 있던 푸들 땅콩이에게 하반신 마비가 왔다. 그날은 비가 억수같이 쏟아졌다. 예감이 좋지 않았다. 왠지 모르게 교통사고가 날 거라는 느낌이 계속 들었다.

내가 전라북도 전주에서 살 때 요크셔테리어인 쥐방울의 부러진 앞발을 수술한 경험이 있는 전북대학교 동물의료센터에 전화를 걸었다. 전화를 받은 직원이 지방에 있는 사람들은 고속버스 짐칸에다 강아지를 실어서 보내기도 한다고 했다. 하지만 나는 차마 그럴 수 없었다. 하반신 마비가 와서 움직이지도 못하는 땅콩이를 덜컹거리는 버스의 짐칸에 실려서 보낼 수는 없었다.

나는 급히 렌터카를 빌려 전북대학교 동물의료센터로 향했다. 급한 마음에 빗길에서 시속 180킬로미터를 밟았다. 2시간 반 후 무사히 동물의료센터에 도착해 MRI를 찍고 바로 응급조치에 들어갔다. 약물 치료를 받고 나온 땅콩이는 움직이지 못하던 뒷다리를 조금씩 움직이기 시작했다. 정말 다행이라는 생각이 들었다.

나는 땅콩이를 동물의료센터에 맡겨 두고 다시 차를 몰고 대구로 향했다. 억수같이 쏟아지는 빗줄기는 그쳤고 어느새 해가 나기 시작했다. 햇살이 번지자 고속도로도 조금씩 말라 갔다. 그런데 장수터널을 지날 때였다. 물이 고여 있는 고속도로 부분이 내 시야에 들어왔다. 지금도 희한하게 생각된다. 왜 그 부분이 내 눈에 들어왔는지. 물이 고여 있는 부분 위를 지나가는데 순간 차가 중심을 잃고 미끄러지기 시작했다. 물이 있었기 때문에 브레이크를 밟지도 않았다. 그런데 차가 저절로 빙판 위를 미끄러지듯 구르는 것이었다. 나는 두 손으로 핸들을 꽉 부여잡고 있었다. 차는 여러 번 회전하며 중앙 분리대와 가드레일과 충돌했다. 그때 나도 모르게 '아, 이렇게 죽는구나!' 하는 생각이 들었다. 예고 없이 닥친 죽음을 받아들이는 순간이었다.

그런데 그때였다. 회전하며 충돌하고 있던 차가 서서히 멈추기 시작한 것이었다. 차가 완전히 멈출 때까지 핸들을 놓지 않고 있었다. 1~2분쯤 지나자 후행 차들이 지나가기 시작했다. 휴대전화로 112에 전화를 걸었다. 그러곤 사고 사실을 알렸다. 잠시 후 순찰차와 119 구급차가 도착했다. 경찰관에게 나도 모르게 이렇게 말했다.

"오늘 정말 더럽게 재수가 없네요. 강아지가 아파서 전북대 동물병원에 맡기고 가다가 죽을 뻔했네요. 무슨 되는 일이 없어요."

그러자 경찰관은 어이없다는 표정으로 말했다.

"아니, 무슨 말씀이세요! 선생님은 오늘 정말 운이 좋으신 겁니다. 며칠 전 지금처럼 똑같이 교통사고가 났는데, 운전자가 살아 있었습니다. 그런데 뒤따르던 고속버스가 치고 나가는 바람에 즉사했어요. 오늘 얼마나 운이 좋은지 모릅니다. 그런 말씀하지 마세요."

그때서야 내가 얼마나 운이 좋은 사람인지 비로소 깨달았다. 정말 나도 후행 차량이 있었다면 그 운전자처럼 즉사할 수도 있었다. 하지만 운 좋게도 뒤따르는 차가 없었던 것이다. 정비공장으로 견인한 후 사고 난 차를 찬찬히 살펴보았다. 놀랍게도 운전석과 앞 범퍼 쪽은 단 한 군데도 부서진 곳이 없었다. 멀쩡했다. 다른 곳은 찌그러지고 부서지고 박살이 났다. 하나님께서 나를 구하셨던 것이다. 나는 왜 내가 죽지 않고 살았을까, 수없이 생각했다. 결론은 내가 하나님으로부터 받은 소명을 이루기 위해서라는 것이다. 그게 내가 그날 죽지 않고 목숨을 건질 수 있었던 이유다.

🏃 평소 어떤 말을 하는가에 따라 소망이 이루어지고 인생이 달라진다

부정적인 생각이나 말도 우주에 보내는 주문이다. 우리가 하는 생각과 말에는 에너지가 담겨 있다. 그래서 실현된다. 그러니 절대 원하지 않는 상태를 구하는 생각과 말을 해선 안 된다. 특히 부정적인 생각과 말일수록 긍정적인 생각과 말보다 더 에너지가 증폭된다. 실현될 확률이 높다는 말이다. 지금 우리가 겪는 좋고 나쁜 일 모두는 과거 우주에 전해진 우리의 생각과 말이, 그 주문이 이루어진 것이다.

앞으로는 이렇게 말해 보자.

"나는 지금껏 잘해 왔고 앞으로 더 잘할 수 있어."
"곧 빚을 변제하고 행복하게 살 수 있어."
"내 인생은 이제부터 시작이야."
"나는 매일 조금씩 모든 면에서 나아지고 있어."

이제부터는 긍정적인 생각만 해야 한다. 그리고 긍정의 말을 입버릇처럼 해 보자. 잠재의식이 부정에서 긍정으로 가득 찰 때 자신의 소망이 빨리 실현되는 체험을 하게 된다. 잠재의식은 우주와 연결된 파이프라인이다. 항상 사랑과 감사를 생각하고 말한다면 우주는 여러분의 소망을 들어주기 위해 바쁘게 움직이기 시작한다. 평소 하는 말에 따라 미래가 달라진다는 것을 기억해야 한다.

기운 빼앗는
드림킬러로부터
나를 지키는 법

✋ 만나면 이상하게
기운이 빠지게 하는 사람이 있다

사람이라고 해서 모두 '사람'이라고 할 수는 없다. 짐승보다 더 못한 이들도 있다. 겉모습만 번지르르했지 실속이 없거나, 부정적인 말로 다른 사람의 꿈을 방해하거나 상처를 주는 사람들이 있다. 이런 사람들은 내 기준에선 사람이 아니라고 생각한다. '드림킬러'라고 할 수 있다. 성공하는 삶을 살고자 하는 사람들은 이런 사람들을 조심해야 한다.

만나면 이상하게 기운이 빠지게 하는 사람이 있다. 함께 있는 자체만으로 신경이 쓰이고 우울한 기분이 들게 하는 사람 말이다. 이런 사람과 함께 있으면 감정적으로 행복하거나 자신감이 생긴다거나 충만한 기분이 들지 않는다. 오히려 우울하고 의기소침하고 피곤한 기분만 든다. 그나마 있던 행복감과 용기마저 사라져 버린다.

나는 최근 스테판 클레르제가 쓴 《기운 빼앗는 사람, 내 인생에서 빼버리세요》라는 책을 재미있게 읽었다. 책에서는 그런 사람을 '멘탈 뱀파이어'라고 묘사한다.

"누군가에게 기가 빨리고 있는 것이 맞는지 알고 싶은가? 그 사람 옆에 있으면 기분이 어떤지, 그 사람과 어울리고 난 후, 곧바로 기분이 어떤지 생각해 보는 것이 제일 좋은 방법이다. 일반적으로 우리의 기분은 그날그날에 따라 달라진다. 하지만 멘탈 뱀파이어와 함께 있으면 정신적으로든, 감정적으로든 행복하거나 힘이 나거나 충만한 기분이 거의 들지 않는다. 그보다는 피곤하고 우울하고 의기소침하고 긴장되고 혼란스럽고 불안하고 탈진된 기분, 나아가 힘이 쫙 빠지는 기분이 든다."

이 책에서 말하는 드림킬러들에게는 다섯 가지의 특징이 있다.

첫째, 만나면 이상하게 기운이 빠지고 기분이 좋지 않다.
둘째, 자꾸만 상대의 말을 들어 줘야 할 것 같고 눈치를 보게 된다.

셋째, 함께 있으면 자꾸 힘이 빠지고 우울한 감정이 든다.

넷째, 자기 필요할 때만 연락하고 정작 내가 필요할 땐 외면한다.

다섯째, 타인을 비판하고 자기 잘못은 절대 인정하지 않는다.

자신이 만나는 사람들이 이 다섯 가지 특징 가운데 한 가지라도 해당된다면 단절해야 한다. 사실 좋은 관계란, 서로 좋은 에너지를 주고받을 수 있는 관계를 말한다. 상대에게 일방적으로 에너지를 빼앗긴다면 좋은 관계라고 할 수 없다. 이미 관계의 균형이 무너졌기 때문이다. 그런 사람과는 절대 서로에게 좋은 에너지를 주는 관계가 될 수 없다.

🏃 나를 존중하지 않는 사람은 존중할 필요도 없다

과거에 나는 친구들에게 내 꿈에 대해 말했다. 10년 후 나는 베스트셀러 작가가 되어 있을 것이고, 전국을 다니며 성공학 강연을 할 거라고 했다. 1년에 30억 정도의 수입을 벌어들일 것이며 한 번 강의에 5,000만 원의 수익이 발생할 거라고 큰소리쳤다. 그러자 하나같이 내게 자신감을 잃게 하는 부정적인 말을 했다.

"너는 지금 말도 더듬는데 강연을 할 수 있을까? 내 생각에 꿈을 크게 가지는 건 좋지만 하나라도 이뤄 놓고 말하면 더 좋을 것 같다. 꿈이 그렇게 쉽게 이루어질 것 같으면 다들 성공했을 거다. 어쨌거나 응원한다."

"성공학에 대한 강연은 정말 성공한 사람들이 하는 거 아니니? 근데 너처럼 책 몇 권 내놓고 그런 강연을 한다는 게 말이 된다고 생각해? 내 기준에선 말이 안 되는데…. 내가 너에게 상처 주려고 하는 건 아니고 현실적으로 생각해서 말하라는 거지. 그리고 어떻게 한 번 강의에 5,000만 원의 수익을 낼 수 있어? 난 그동안 그런 사람 한 번도 보지 못했는데…."

친구들로부터 이런 말을 듣자 복잡한 생각이 들었다. 학창시절부터 나에 대해 잘 알고 있던 그들의 말이기 때문에 내 가슴은 날카로운 메스로 난도질당하는 기분이었다. 나는 때로 말을 더듬었고, 성적도 거의 꼴찌였고, 그동안 해 놓은 게 없었다. 현실적으로 보면 그들이 하는 말이 맞았다. 그러나 나는 이상이 현실을 이긴다고 믿고 있었다. 그래서 꼭 그들에게 보란 듯이 성공한 나의 모습을 보여 주고 싶었다. 내가 성공자가 되어 지금 하는 말을 이룬다면 그들에게 하는 최고의 복수라는 생각도 들었다.

나는 내 꿈과 눈부신 미래를 지키기 위해 그들을 멀리했다. 그들에게서 걸려 오는 전화를 받지 않았고, 문자메시지도 차단했다. 현실주의자들인 그들과 이상주의자인 내가 가는 길은 달랐기 때문이다. 어떤 길을 가는 것이 성공하는 삶을 사는 것인지 그 결과는 나중에 자연스레 드러날 것이라고 믿었다. 그리고 10년이 흘렀다. 나는 과거에 내가 큰 소리로 말했던 모든 꿈들을 실현했다. 오히려 더 크게 이루었다. 이상이 현실을 이긴 것이다.

나를 존중하지 않는 사람은 존중할 필요도 없다. 상대에게 좋은 사람이 되려고 억지로 이해하려고 노력해선 안 된다. 그리고 그들의 부당한 요구나 부탁을 참아 줘서도 안 된다. 내 기준에서 아니다 싶은 사람은 그냥 단호하게 차단해야 한다. 이런 용기 있는 행동이 나의 삶을 지키는 것이다.

🏃 드림킬러에게 당하기 쉬운 사람들의 8가지 특징

《기운 빼앗는 사람, 내 인생에서 빼버리세요》를 읽으며 많은 부분이 공감되었다. 드림킬러들에게 속수무책으로 당하는 사람들이 이 책을 보면 많은 도움이 되겠다는 생각이 들었다. 이 책에 보면 드림킬러에게 당하기 쉬운 사람들의 여덟 가지 특징이 나온다. 혹시 자신이 그 여덟 가지 특징에 해당되는 사람은 아닌지 체크해 보자.

- 감수성이 예민하고 깊이 생각하는 편이다.

- 다른 사람의 말에 공감을 잘하고 연민을 느낀다.

- 누군가와의 이별을 지나치게 두려워한다.

- 타인에게 마음의 문을 쉽게 열고 매사에 호의적이다.

- 크고 작은 부탁을 잘 거절하지 못한다.

- 남을 돕는 것을 좋아하며 희생정신에 사로잡힐 때도 있다.

- 달콤한 말과 칭찬, 아부에 약하다.

- 자주 죄책감을 느끼며 완벽주의자 기질이 있다.

드림킬러의 먹잇감이 되는 사람들. 이들은 자신보다 상대방을 더 배려한다. 상대에게 착한 사람으로 보이려고 한다. 타인으로부터 상처받는 것을 두려워한다. 그러다 보니 상대가 자신의 기운을 빼앗고 상처를 주는 사람이라는 것을 알면서도 단호하게 단절하지 못한다. 약한 멘탈 때문에 이런 사람들은 드림킬러의 희생양이 되는 것이다.

드림킬러들은 호소력이 강하다. 그들이 하는 말을 제대로 들어 보면 망상이라는 것을 알 수 있다. 그러나 드림킬러들의 먹잇감이 되는 사람들은 그들이 하는 말의 의도를 깊이 생각하지 않는다. 그 결과 자신도 모르게 쉽게 넘어가고 만다. 드림킬러들은 상대가 어떤 힘든 일로 마음이 약해질 때 기운을 빼앗아 조종하려고 든다. 드림킬러의 먹잇감이 된 사람은 기운을 빨리게 되어 심리적으로 지쳐 가게 된다. 심해지면 수면장애와 불안증, 분노 조절 장애, 우울증과 같은 증상을 보이게 된다.

사람들은 혈연으로 맺어진 가족은 언제 어디서나 서로 지지하고 응원하는 관계라고 생각한다. 그러나 이는 대단한 착각이다. 이런 착각에 빠져 있는 사람들은 그동안 단 한 번도 자신의 삶을 바꿀 수 있는 위대한 꿈을 가져 본 적이 없거나 그 꿈을 이루기 위해 행동으로 옮겨 본 적이 없는 사람들이다. 대부분의 부모는 자녀가 공무원이 되거나 대기업, 공기업 등에 들어가 평범하게 살기를 바란다. 남들처럼 열심히 일해서 저축하고 때가 되면 결혼해서 자식들 키우며 살기를 원한다.

그런 만큼 자녀가 사업을 하겠다고 하거나 베스트셀러 작가, 연예인이 되겠다고 하면 눈앞이 캄캄해진다. 삶이 피곤해진다. 세상 물정 모르는 자녀에게 헛바람이 들었다고 여긴다. 왜 그런 꿈이 말도 안 되는지 이해시키려고 한다. 사실 세상을 바꾸는 사람들은 말도 안 되는 꿈을 품고 행동으로 옮겼던 사람들이다. 모두들 평범한 삶을 살았더라면 세상은 지금처럼 발달하지 않았을 것이다.

🏃 잘못된 관계에서 벗어나는 것은 단단하게 나를 지켜 내는 용기다

당신의 가족도 드림킬러가 될 수 있다. 사실 드림킬러는 대부분 가장 가까운 사람들이다. 그들은 가까운 관계라는 것을 이용해 부정적인 생각과 말로 상대를 불안하게 만들고 상처를 준다. 자신이 잘 알지 못하거나 경험하지 못한 부분에 대해선 무조건 반대하고 본다. 그 이유는 자신처럼 평범하게 살면서 항상 옆에 있어 주기를 바라기 때문이다. 그러면서 겉으로는 "너를 생각해서 하는 말인데…"라며 염려하는 척한다. 드림킬러들의 얄팍하고 교묘한 수법이다. 이를 잘 간파해야 한다.

성공하고자 한다면 기를 빨아먹는 드림킬러와는 결별해야 한다. 기를 빨아먹는 모기 같은 존재들과는 절대 같은 꿈을 꿀 수도, 같이 살 수도 없다. 따로 살아야 한다. 모기는 모기들끼리 살아야 한다. 그런 만큼 나는 나의 가치를 제대로 인정해 주고 존중해 주는 사람들과 함께해야 한다. 그들과 함께할 때 더 나은 미래를 만들 수 있는 자신감과 용기가 생겨난다. 상대에게 때로 위안이 되고, 때로 희망이 되는 사람이 되어야 한다. 잘못된 관계에서 벗어나는 것은 단단하게 나를 지켜 내는 용기다.

백번 듣는 자보다
한 번 실천하는
자가 되라

거룩한 것을 개에게 주지 말며 돼지 앞에 던지지 마라

성공한 사람과 그렇지 않은 사람의 차이는 무엇일까?

다양한 요소들이 있겠지만 가장 결정적인 하나만 꼽는다면 '실행력'이다. 두 부류 모두 처음에는 가슴 뛰는 꿈과 이루고 싶은 목표가 있었다. 성공한 사람은 자신이 바라는 소망을 성취하기 위해 끈기 있게 행동했다. 그 과정에서 많은 어려움과 싸워야 했다. 결국 이겨 내고 성공이라는 정상에 오를 수 있었다. 반면에 그렇지 않은 사람은 이루고 싶은 소망이 있음에도 탁상공론만 할 뿐 행동하지 않았다. 머릿속에서 실현 가능성 여부를 계산기로 두드려 볼 뿐이었다.

나에게 많은 사람들이 문자와 카카오톡, 메일을 보내온다.

"저도 김도사님처럼 자수성가하고 싶습니다. 비결 좀 알려 주십시오."

"저도 한 달 만에 원고를 써서 출판사와 계약하는 법을 배우고 싶습니다."

"어떻게 하면 젊은 나이에 페라리를 탈 수 있을까요?"

"성공하려면 내면 의식부터 바꿔야 한다고 말씀하셨는데, 어떻게 하면 될까요?

처음에는 이런 사람들에게 일일이 답신을 해 주었다. 그것도 상대가 잘되기를 바라는 마음에서 정성껏 조언했다. 어떤 경우에는 A4 2장에 달하는 분량으로 조언하곤 했다. 그러나 내 조언을 받은 상대는 그저 짧게 "조언해 주셔서 감사드려요."라는 감사인사만 보내올 뿐이다. 내가 조언한 대로 실천해서 삶이 개선되었다거나 성공했다는 사람은 거의 없었다. 정말 허탈한 마음이 들었다. 자괴감에 시달렸다.

자주 이런 생각이 들었다. 나는 온갖 고생을 통해 스펙이나 학벌 없이도 단기간에 성공하는 원리와 비법을 찾았는데, 왜 그들은 달라지지 않을까? 답을 찾을 수 있었다. 내 안에 계신 하나님께서 음성으로 들려주셨다.

"태광아, 그들에게 너무 쉽게 은금을 주었기 때문에 그들은 그것의 가치를 모른 것이다. 귀한 보물은 절대 공짜로 나눠 주어선 안 된다. 《성경》에 있지 않느냐. '거룩한 것을 개나 돼지에게 던지지 마라. 그로 인해 너희가 다치게 될 것이다.' 앞으로 제공하는 것의 가치에 맞는 비용을 받고 나눠 준다면 조언을 귀로만 듣고 행하지 않는 사람은 줄어들 것이다."

《성경》에 보면 "거룩한 것을 개에게 주지 말며 너희 진주를 돼지 앞에 던지지 말라. 저희가 그것을 발로 밟고 돌이켜 너희를 찢어 상할까 염려하라"(마) 7:6)라는 문구가 있다. 가치를 알지 못하는 사람에게 진주나 다이아몬드와 같은 값비싼 보석을 쥐어 줘 봤자 그 가치를 모른다. 그래서 가치를 아는 사람에게 귀한 것을 주거나 제값을 받고 제공해야 한다.

🏃 백번 듣는 자보다 한 번 실천하는 자가 되어야 한다

백번 듣는 자보다 한 번 실천하는 자가 되어야 한다. 세상에는 내가 필요로 하는 지식과 정보, 노하우를 알려 주는 사람들이 넘쳐 난다. 그런데도 꿈을 실현하거나 삶을 개선시키는 사람들을 만나기가 쉽지 않다. 그 이유는 자신이 필요로 하는 것들을 한쪽 귀로 듣고는 한쪽 귀로 흘려버리기 때문이다. '구슬이 서 말이어도 꿰어야 보배다'라는 말이 있다. 실천이 뒷받침되지 않는 비책과 노하우는 무용지물이다.

나는 성공하기 전까지 수십 개의 아르바이트를 하며 온갖 고생을 다 했다. 당시 작가, 코치, 강연가로 자수성가한 사람이 되겠다는 꿈을 갖고 있었다. 내가 자주 물음을 던진 것이 '어떻게 하면 내가 바라는 것을 짧은 시간 안에 얻을 수 있을까' 하는 것이었다.

나는 성공한 사람들이 쓴 책을 읽으며 그들이 했던 방식과 조언하는 것들을 그대로 실천하고자 노력했다. 새벽 5시부터 기상해서 하루를 시작했다는 내용을 접하고는 나도 5시에 기상했다. 그러곤 원고를 쓰고 책을 읽었다. 그들을 그대로 따라 한 것이다. 그랬더니 정말 오전 중에 일어나 하루를 시작하는 것보다 훨씬 생산적이었다. 정신이 맑고 컨디션이 최고인 상태에서 작업하니 3배 이상의 성과가 나왔다.

성공하고자 한다면 부정적인 사고를 버리고 긍정적인 사고를 가져야 한다는 말에 즉각 실천했다. 하지만 그동안 가난에 찌들어 살아오면서 부정의 사고에 젖어 있는 나의 내면 의식을 고치는 것은 쉽지 않았다. 그러나 나는 의식적으로 긍정의 의식을 가지려고 노력했다. 그러자 자연스레 긍정의 사고가 내면에 배기 시작했다. 사고가 변하자 나의 말과 행동이 바뀌었다. 팍팍했던 현실 역시 점차 개선되기 시작했다.

지금의 나는 경제적 자유인으로서 책 쓰는 법, 글 쓰는 법과 책 써서 1인 창업해 기하급수적으로 돈을 버는 법에 대해 알려 주고 있다. 내가 누리는 모든 것들은 먼저 성공한 사람들의 인생이 담긴 조언을 그대로 따랐기 때문이다.

🏃 당신의 삶이 아직도 제자리걸음인 이유

내가 가장 좋아하는 형이상학자 네빌 고다드는 이렇게 말했다.

"확신은 강렬하게 집중하고자 하는 내면의 노력이다. 현실의 귀로는 들을 수 없는 것을 마치 들리는 것처럼 마음의 귀를 기울여 듣는 것은 마음속에서 무언가를 떠올리며 작동시킨다. 마음의 귀를 기울여 들을 때 여러분은 자신이 원하는 바를 들을 수 있고, 육신의 귀가 들을 수 없는 것을 확신할 수 있다. 오직 상상 속에서 은밀하게 말을 하라. 내면의 대화와 바라는 소망을 일치시켜라. 외부에서 듣기 바라는 것을 내부에서 들어야 한다. 외부를 내부에

서 받아들여라. 자신의 소망이 이루어졌음을 나타내는 소
리만 들어라. 그러면 외부세계에서 일어나는 모든 사건은
여러분의 소망을 객관적인 실체로 나타나게 해 줄 다리가
되어 줄 것이다."

백번 듣는 자보다 한 번 실천하는 자가 되어야 한다. 성공자의 귀한 조언을 그저 듣는 것에서 그친다면 삶은 달라지지 않는다. 어떤 고민에 대한 해결책이나 빠르게 성공하는 법 등을 알고 싶다면 유튜브 영상만 봐도 거의 다 알 수 있다. 유튜브에 보면 내가 궁금해하는 모든 지식과 정보, 해결책이 있다. 지금 내가 겪는 어려움을 먼저 겪은 사람들이 감사하게도 자신의 경험을 업로드해 두었기 때문이다.

안타까운 것은 극소수의 사람들만이 그것을 받아들이고 실행한다는 것이다. 대다수의 사람들은 시간 때우기 식으로 영상을 시청할 뿐이다. "에이, 그게 말처럼 쉽겠어?", "이 사람이니까 가능한 거지."라며 자기 비하 내지 폄하해 버린다. 그러니 백날 천날 유튜브 영상을 봐도 삶이 달라지지 않는 것이다.

듣는 자는 많은데 그대로 실천하는 자는 드물다. 이 말은 앞으로도 계속 성공하는 사람은 극소수일 것이고 대부분 평범하게 살아갈 것이라는 말이다. 당신이 앞으로 어떤 삶을 살고 싶은지는 실천력에 달려 있다. 세상에는 당신을 도와줄 사람들이 넘쳐 난다. 그 사람들의 조언을 한 가지씩만 받아들이더라도 당신의 삶은 단기간에 변화될 수 있다. 문제는 당신이 그들의 조언을 듣고 바로 행동하느냐다.

실천하지 않는 사람이 습관적으로 성공자들을 찾아다니는 것은 상대와 자신의 삶을 소비하는 행위가 된다. 시간과 에너지, 감정을 소모하게 하는 것은 물건을 훔치는 것보다 더 나쁘다고 생각한다. 우리는 소비가 아닌 투자를 해야 한다.

당신의 삶이 아직도 제자리걸음인 것은 아는 것은 많은데 그것을 행하지 않았기 때문이다. 지금부터라도 듣는 것에서 끝내지 말고 실천하는 사람이 되어 보자. 실천할 때 비로소 누군가의 진심 어린 조언은 내 삶을 바꾸는 동력이 된다. 지구별에 태어난 당신과 나는 지속적으로 삶을 개선해 나갈 의무를 가지고 있다. 삶의 개선과 변화는 실천하는 데 있음을 잊지 말아야 한다.

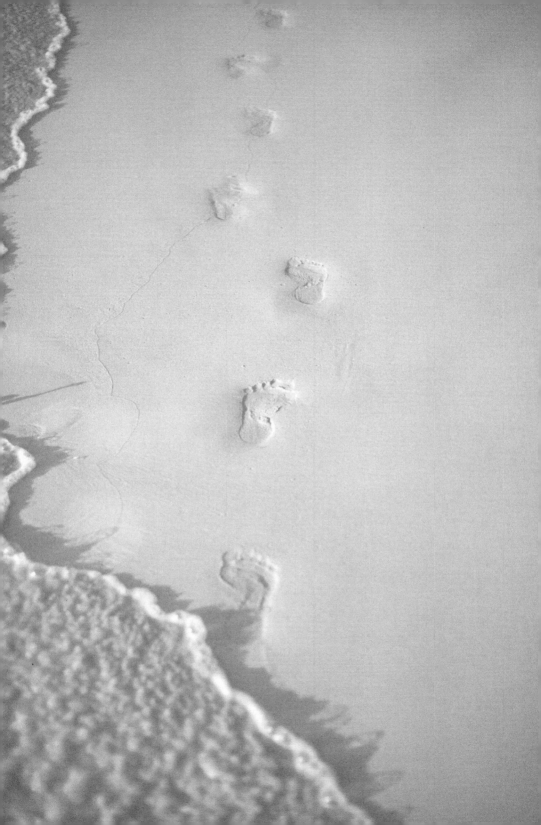

최고의 실력을 갖춘
전문가에게
배워라

🏃 부자들은 돈보다
시간의 가치를 더 높이 생각한다

"당신은 가고자 하는 목적지에 가장 빨리 도달하는 법을 알고 있는가?"

나는 알고 있다. 할 수 있는 한 가장 빨리 목적지에 도달해야 한다. 인생은 시간으로 이루어져 있기 때문이다. 시간을 잃는다면 모든 것을 잃게 된다. 부자와 가난한 사람들은 시간이 가치를 대하는 데서 극명한 대조를 보인다. 시간의 가치를 모르는 사람은 인생의 가치에 대해서도 잘 모른다고 할 수 있다.

부자들은 돈보다 시간의 가치를 더 높이 생각한다. 그래서 내가 잘하지 못하거나 하지 않아도 되는 일들은 아웃소싱 한다. 그럼으로써 자신이 잘하는 일을 하며 시간을 생산적으로 활용한다. 반면에 가난한 사람들은 돈을 절약하겠다며 다른 사람이 해도 될 일을 혼자 다 해내고자 한다. 그러면서도 어느 것 하나 완벽하게 해내지 못한다. 늘 성과도 제자리걸음이고 발전이 없다. 인생이 달라지지 않는 이유다.

앞에서 말했듯이 나는 책 한 권을 쓰기 위해 7년이라는 세월을 보냈다. 그 시간 동안 수백 군데의 출판사로부터 500번 정도의 퇴짜를 맞아야 했다. 당시는 캄캄한 동굴 속을 헤드랜턴도 없이 걸어가는 막막한 기분이었다. 7년 동안 혼자서 책 쓰는 법을 독학해야 했기 때문이다.

장님이 코끼리 다리를 더듬더듬 더듬어서 비로소 코끼리라는 것을 아는 것처럼 나는 수많은 시행착오를 겪으면서 조금씩 책 쓰는 법을 알아 갔다. 지금 생각해 보면 미련하기 짝이 없었다. 여러 권의 책을 쓴 작가들을 찾아가서 주제를 정하고, 제목과 목차를 만들고, 원고를 쓰고, 어떻게 출판사와 계약하는지 물어봤다면 결코 7년이라는 시간이 걸리지 않았을 것이다. 내가 책을 써 본 경험자들에게서 조언을 들었다면 단 1~2년 만에 책을 출간했을 것이라고 생각한다. 나에게 있어 7년이라는 시간은 너무나 아까운 시간이다. 두 번 다시 되돌릴 수 없는 시간이다.

🏃 최고의 실력을 가진 코치는 단기간에 결과를 만들어 낸다

내가 책쓰기 코칭을 시작한 지 9년이 된다. 코치로서 활동하기 전에는 100권 이상의 책을 기획하고 원고를 썼고 출판했다. 그 과정에서 누구보다 빨리 어떤 주제를 정해서 원고를 쓰는 능력을 기를 수 있었다.

많은 책을 쓰면서 보통 작가들은 경험해 보지 못했던 일들을 겪었다. 출판사와 계약하고 나서 며칠 후 출판 계약을 파기당했던 일, 내가 쓴 원고의 주제를 다른 출판사가 도용한 일, 출판 계약을 하고 1년이 지나서 책이 출간된 일, 책 출간 후 인세를 주지 않아 마음고생한 일, 다른 작가의 글을 대필한 일, 출판사와 함께 기획해서 원고를 쓰는 일의 힘듦… 책을 쓰고 출판하는 과정에서 일어나는 거의 대부분의 일들을 경험했다. 그런 경험은 코칭을 할 때 많은 도움이 된다.

내게 책쓰기 코칭을 받는 사람들은 보통 한 달 만에 원고를 쓰고 출판 계약을 한다. 대부분의 사람들은 1~2주 만에 원고를 쓰고 출판 계약 후 책을 출간하기도 한다.

92기 류옥경 작가는 가제 《자녀를 위대하게 키우는 법》으로 미다스북스와 출판 계약했다. 84기 정진우 작가도 가제 《스스로 답을 찾는 수학공부법》으로 매일경제신문 두드림미디어와 출판 계약했다. 책쓰기 과정 88기를 수강하고 4월에 계약한 태재숙 작가, 김민정 작가, 이은숙 작가는 모두 6월에 책이 출간되었다. 태재숙 작가는 《부동산 투자는 최고의 부업이다》, 김민정 작가는 《아이의 자존감은 엄마의 말에서 시작한다》, 이은숙 작가는 《타인의 시선에서 자유로워지는 법》이라는 제목으로 책이 출간되었다.

사실 책쓰기 코치가 수강생의 주제는 정해 줄 수 있어도 제목과 목차까지 만들어 주지는 않는다. 그러나 나는 전 세계에서 최고의 실력을 갖춘 코치로서 제목과 목차를 만들어 주는 도움을 주고 있다.

2주 만에 원고를 쓰고 책을 출간한 정소장이 있다. 그의 책 《퇴근 후 1시간 독서법》은 예약 판매 하루 만에 교보문고 종합 베스트 209위, 자기계발 22위에 진입했다. 초보 저자에게 이런 일이 일어난다는 것은 기적 같은 일이다.

정소장의 책 제목도 내가 수업 때 직접 만들어 준 것이다. 출판사에서 그대로 책 제목으로 사용했다. 편집부에서 책 제목에 대해 고민했지만 내가 만든 제목보다 더 나은 제목이 없어 그대로 사용했다는 후문이다.

그동안 내가 수강생들에게 직접 만들어 준 제목을 출판사에서 수정 없이 그대로 사용한 책은 200권가량 된다. 나는 드라마

〈SKY 캐슬〉을 재미있게 봤다. 학부모가 자녀를 서울대에 보내기 위해 김주영 선생님에게 맡길 경우 30억~50억 정도가 필요하다. 그럼에도 불구하고 많은 부자 엄마들이 줄을 서서 대기하고 있다. 족집게 과외로 서울대에 합격시키기 때문에 그런 큰 금액도 아깝지 않은 것이다. 그런데 내가 코칭하면서 수강생들에게 만들어 준 제목과 목차가 그대로 출판된다고 생각해 보라. 그렇다면 나는 과연 수강생들에게 얼마를 받아야 내 몸값에 합당한 것일까?

2019년 출간된 《나는 당신이 작은 얼굴을 가졌으면 좋겠습니다》의 저자 이하영 작가가 있다. 그는 10년 동안 얼굴살 관리를 전문으로 해 온 강남의 성형외과 원장이다. 그는 66기 책쓰기 과정을 수료한 후 한 달 만에 원고를 써서 출판사와 계약했고 책이 출간되었다. 그 역시 처음에 한책협의 책쓰기 과정에 등록할 때는 그렇게 단기간에 작가가 될 수 있다는 것을 반신반의했다고 한다. 그러나 자신이 직접 내게 코칭을 받아 보니 모든 의심이 풀렸다고 했다. 내게 자주 감사의 인사를 전해 온다.

내가 9년 동안 배출한 작가들은 1,000명이다. 모두들 나를 만나기 전에는 책을 써 본 경험이 없는 사람들이다. 책을 쓰는 데 있어 그동안 책을 써 본 경험의 유무는 크게 상관이 없다. 오히려 혼자 독학으로 책을 써 본 경험이 있는 사람들의 경우 코칭하기가 더 힘들다. 아집이 있어 잘 따라오지 않기 때문이다. 최고의 실력을 가진 코치는 그 누구를 코칭하더라도 단기간에 결과를 만들어 낸다.

🏃 최고에게 배우면 '사기'를 당하지 않게 된다

비용이 얼마가 되더라도 무조건 최고에게 배워야 한다. 단기간에 최고의 내공을 가진 코치로부터 원리와 노하우를 익혀야 한다. 그게 당신이 가장 빨리 원하는 것을 얻는 비결이다. 배움에 있어 고비용이 든다고 하더라도 괜찮다. 오히려 잘했다고 말하고 싶다. 최고의 실력을 갖춘 후 들인 비용의 수백 배, 수천 배를 벌어들이면 되기 때문이다. 그런데 안타깝게도 대부분의 사람들은 실력보다 비용만 따진다. 그래서 비용이 저렴한 코치에게 가서 배우곤 한다. 그 결과 원하는 수준의 배움을 얻을 수 없고 비용마저 날리게 된다. 실력이 없는 코치들의 공통점으로 다섯 가지를 꼽을 수 있다.

첫째, 비용만 주면 아무나 수강생으로 받는다.
둘째, 내공이 없는 탓에 쉬운 것도 어렵고 복잡하게 설명한다.
셋째, 수강생이 중간에 그만둘까 봐 너무나 친절하다. 그래서

최고의 실력을 갖춘 전문가에게 배워라

자주 수강생들로부터 '갑질'을 당한다.

넷째, 내공이 없는 탓에 결과를 내는 데 걸리는 시간을 최대한 길게 잡는다.

다섯째, 수강생들에게 자주 지인들 중에 코칭받을 사람이 없는지 물어보며 모객해 달라고 부탁해 부담을 준다.

눈치가 좀 있는 사람들은 이 사람이 진짜다, 아니다를 가려낼 수 있다. 가짜는 현란하게, 과장되게 말한다. 말도 지루할 정도로 길다. 반면에 진짜는 시간을 금쪽같이 생각한다. 그래서 어떤 수강생이 와도 핵심만 짚어서 말한다. 복잡한 것도 어린아이도 이해할 수 있을 정도로 쉽게 설명한다. 그 분야에 대해 최고의 내공을 가졌기 때문에 굳이 복잡하게 말할 필요가 없는 것이다. 그리고 장황하게 말하는 것을 좋아하지 않는다. 자신이 배우려는 코치가 진짜인지, 가짜인지 구분하려면 앞에서 내가 말한 차이점을 생각해 보자. 그러면 '사기'를 당하지 않게 된다.

현재 우리나라에는 책 쓰는 법을 코칭하는 코치들이 너무나 많다. 그들 가운데 대부분의 코치들이 내가 배출한 작가들이다. 내가 안타깝게 생각하는 부분이다. 그 이유는 책 쓰는 법을 알려 주는 일은 결코 한두 권 써 본 경험만으로는 부족하기 때문이다. 절대 안 된다. 그런데 직장생활은 하기 싫고 단기간에 큰돈을 벌고 싶어 코치를 하는 이들이 꽤 많다.

내가 책쓰기 코치로 활동하기 전에는 이 분야의 코치는 단 몇 명뿐이었다. 그런데 내가 단기간에 성공하자 많은 이들이 따라 하기 시작했다. 몇몇 코치들은 수강생 모집이 잘되지 않자 나에 대해 비방과 음해를 일삼기도 했다. 그들은 알지 못한다. 왜 사람들이 자신에게 코칭을 받으러 오지 않는지에 대해서 말이다. 사람들은 실력을 보고 움직인다. 실력 없이 돈만 벌 생각으로 코칭을 한다면 무조건 망하게 되어 있다. 장사가 안 되어 폐업하는 상가들처럼 코칭을 접게 된다.

최고의 내공을 갖고 있는 전문가는 몸값이 비싸다

나는 그 많은 책쓰기 코치들이 왜 결과를 빨리 내지 못하는지 그 이유에 대해 생각해 봤다. 세 가지로 정리할 수 있었다.

첫째, 자신이 쓴 책이 1~2권에 지나지 않는다. 책을 써 본 경험이 없이 돈 벌 욕심으로 코칭을 하니 수강생이나 자신이나 별반 차이가 없기 때문이다.

둘째, 수강생에게 맞는 주제를 제대로 정해 줄 수 없다. 수강생들에게 수업시간에 제목 만드는 법과 목차 만드는 법, 원고 쓰는 법을 알려 주지만 수박 겉핥기식이다. 자신이 원고를 많이 써 본 경험이 없으니 내가 쓴 여러 권의 책쓰기 책을 보며 자신의 경험인 양 중얼거리는 것이다. 코치 스스로 내공이 없으니 수강생들은 수준 있는 제목과 목차를 만들지 못한다. 엉성한 목차는 걸레 같은 원고로 이어진다.

어떤 곳은 수업시간에 서문을 쓰게 한다. 서문은 출판사에서 책이 나오기 몇 주 전에 어느 정도의 분량으로 써 달라고 요청하는 것이다. 그런 만큼 정말 이해할 수 없는 일이다. 이렇게 수업을 하니 설사 수강생이 원고를 다 쓰고 투고해도 계약이 잘 안 된다.

셋째, 코치가 원고를 써 본 경험이 부족하다. 기껏해야 몇 권이다. 자신이 실력이 없으니 수강생들에게 오래 묵혀서 써야 영혼이 담긴 글이 나온다고 말한다. 이는 거짓말이다. 정신이 나가도 9만 리나 나간 소리다. 자신이 실력이 없으니 원고 쓰는 기간과 퇴고 기간을 늘어진 팬티 고무줄처럼 길게 잡는 것이다.

나는 코치로 활동하면서 정말 안타까운 사람들을 많이 만났다. 이런저런 사연을 소개하자면 A4 100장도 부족할 것이다. 나는 여러분에게 무조건 비용 따지지 말고 여러분이 가고자 하는 목적지에 단숨에 데려다줄 수 있는 최고의 전문가에게 배우라고 말하고 싶다. 최고의 전문가는 여러분의 시간과 노력을 아껴 준다. 그러면서 단시간에 최고의 실력으로 끌어올려 준다.

당신이 기억해야 할 것은 최고의 내공을 갖고 있는 전문가는 몸값이 비싸다는 것이다. 친절하지도 않다. 하지만 코칭 과정에 있어선 철저하다. 조금의 빈틈도 허용하지 않는다. 성실하지 않거나 면학 분위기를 해치는 사람은 단호하게 퇴원 처리한다. 그리고 보통 사람들은 이해가 잘 안 되는 자신만의 원칙을 갖고 있다.

꼭 성공하고자 한다면 비싼 몸값의 최고에게 배워야 한다. 돈을 주고 성공자의 경험과 지혜를 살 수 있다는 것은 엄청난 축복이다. 수많은 시행착오를 겪을 일을 최소한 내지 겪지 않도록 도와주기 때문이다. 꿈을 이루기 위해 누구보다 고생하며 많은 시간과 에너지를 소모한 내가 여러분에게 해 줄 수 있는 최고의 조언이라고 생각한다.

대출을 해서라도
자기계발을
하라

새 포도주는 낡은 가죽 부대에 넣지 마라

평범한 사람이 성공한다는 것은 쉽지 않은 일이다. 평범하다는 말은 다른 사람들과 차별, 구별되지 않고 비슷하다는 뜻이다. 세상은 특별한 사람들에게 관심을 가진다. 남들과 달리 특별하다는 것은 나의 가치가 높다는 것이다. 사람들은 고가여도 가치가 있는 특별한 물건을 소장하고자 한다. 아무리 경기가 불황이어도 명품, 럭셔리 물건들이 날개 돋친 듯 팔리는 이유다. 보통 사람이 성공하기 위해선 유명해져야 한다. 유명해진다면 자신에게 대중의 관심이 쏠리게 할 수 있다. 사람들이 나에게 몰리게 되면 돈은 저절로 따라오게 된다.

《성경》의 〈마태복음〉에 이런 말이 있다.

"새 포도주를 낡은 가죽 부대에 넣지 아니하나니 그렇게 하면 부대가 터져 포도주도 쏟아지고 부대도 버리게 됨이라. 새 포도주는 새 부대에 넣어야 둘이 다 보전되느니라."

내가 가장 좋아하는 명언이다. 삶을 바꾸고자 한다면 외모나 환경을 바꾸려 하기보다 자신의 의식부터 바꿔야 한다. 의식이 바뀌면 사고, 말, 행동이 달라지게 된다. 자연스레 외부 환경이 바뀌게 되기 때문이다. 대부분의 사람들이 현실을 바꾸기 위해 자기계발을 하지만 삶은 달라지지 않는다. 얼마 못 가 자기계발을 포기하고 원래 살던 방식으로 돌아가게 된다. 의식이 변화되지 않은 채 하는 자기계발은 아무런 소용이 없다. 밑 빠진 독에 물 붓기와 같다.

나는 한책협의 특강에서 이렇게 말한다.

"변화된 의식이 아직 변화되지 않은 의식과 함께할 순 없다. 변화된 의식은 마음의 눈을 떠 상상 속의 땅을 믿지만 변화되지 않은 의식은 아직 보이는 것이 전부라고 믿는다. 그러니 만큼 의식이 전부다. 거듭난 의식은 어디에도 구속당하지 않는 환경에서야 제대로 된 진리를 구할 수 있다."

✖ 여러분은 100조 원 이상의 몸값을 지닌 보석이다

과거의 나는 지독한 가난으로 고통 받으면서도 쉽게 벗어날 수 없었다. 하루하루 먹고사는 생존의 문제가 얼마나 사람을 작게 만들고 힘들게 하는지 뼈저리게 느꼈다. 가난한 사람들이 왜 쉽게 해낼 수 있는 일조차 포기하고 좌절하는지 알게 되었다. 당시 내가 딱 그랬기 때문이다.

눈앞의 먹고사는 문제에 가로막히자 더 큰 비전을 볼 수가 없었다. 그래서 이 직장, 저 직장을 떠돌아다녔다. 직장마저 다닐 수 없게 되자 여러 아르바이트를 전전했다. 종국에는 아파트 신축현장에서 막노동을 하며 생존해야 했다. 현실적인 문제는 나를 절망의 늪으로 빠뜨렸다. 그러나 나는 자살하지 않고 꿈 하나만을 바라보며 묵묵히 버텼다. 물론 보통 사람들은 경험할 수 없는 고통스런 시기를 보내야 했다.

그랬던 내가 지금은 1년에 수십억 원의 매출을 올리는 대한민국 최고의 자기계발교육센터의 대표이자 코치, 동기부여가, 강연가로 활동하고 있다. 바닥을 기었던 나의 삶이 이렇게 화려하게 달라질 수 있었던 것은 의식 변화 때문이었다. 낡은 의식을 버리고 새로운 의식을 가지면서 많은 것들이 달라진 것이다.

내 의식의 변화는 내가 사람들 몰래 읽는 의식 수준 확장

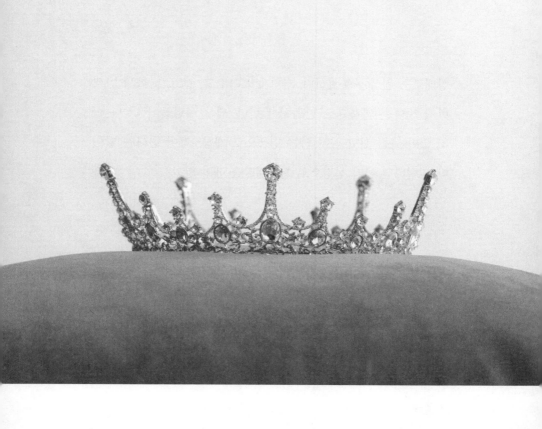

도서들 덕분이었다. 이 도서들은 100여 권으로 아주 극소수만
읽는 책이다. 한책협에서 한 달에 두 번 진행하는 책쓰기 1일
특강에서 공개하고 있다. 내가 권해 준 책들을 읽고 의식의 변
화를 일으켜 삶이 달라진 사람들이 너무나 많다. 그들은 꿈을
가지고, 작가, 코치, 강연가, 1인 창업가가 되어 최고의 삶을 살
고 있다.

힘들수록 자기계발에 목숨을 걸어야 한다. 평범한 사람이 성
공하기 위해선 부단히 자신을 계발해야 한다. 우리 모두는 하나
님의 자녀로서 100조 원 이상의 가치를 지니고 있다. 다만 지금

상태로는 원석에 불과하다. 자기계발로 깎고, 갈고, 닦아서 반짝 반짝 빛나는 작품으로 만들어야 한다. 세상 사람들이 너 나 할 것 없이 나를 사고 싶어 하는 명품으로 재창조해야 한다는 말이다. 그렇다면 어떤 심정으로 자기계발을 해야 할까?

> *"열두 해 동안이나 혈루증으로 앓는 여자가 예수의 뒤로 와서 그 겉옷 가를 만지니 이는 제 마음에 그 겉옷만 만져도 구원을 받겠다 함이라. 예수께서 돌이켜 그를 보시며 이르시되 딸아 안심하라 네 믿음이 너를 구원하였다 하시니 여자가 그 즉시 구원을 받으니라."*

《성경》의 〈마태복음〉에 나오는 이야기다. 열두 해 동안이나 혈루증을 앓았으니 그 여자는 얼마나 고통스러웠을까? 그녀는 누군가 자신의 병을 치유해 준다면 영혼이라도 주고 싶은 심정이었을지 모른다. 그런 그녀가 마침 예수께서 그곳을 지나가신다는 소식을 접하게 되었다. 예수님이 인파 속을 지나갈 때 여자는 예수님의 옷깃만 스쳐도 자신의 병이 나으리라는 절박한 마음과 믿음으로 예수님의 겉옷을 만졌다. 그 즉시 여자는 오랫동안 자신을 괴롭히던 혈루증으로부터 벗어날 수 있었다.

🏃 대출을 받아 하는 자기계발이
진짜 자기계발이다

자기계발은 《성경》에 나오는 여자의 심정으로 해야 한다. 자기계발은 하면 좋고 안 해도 되는 취미 같은 것이 아니다. 자기계발을 하지 않는 사람은 학교에서 배운 지식만으로 삶을 살아가야 한다. 세상의 많은 사람들이 이와 같은 사람들이다. 그러니 피 터지는 경쟁에서 벗어날 수 없다.

자기계발은 목숨 걸고 해야 한다. 가진 돈이 없다면 대출을 받아서라도 해야 한다. 대출은 아파트를 장만하거나 자동차를 구입할 때만 받는 것이 아니다. 가장 중요한 나 자신의 삶을 바꾸기 위한 자기계발을 할 때도 대출을 활용해야 한다. 혹자는 이렇게 비난할지도 모르겠다.

"아니, 자기계발을 하는데 무슨 대출까지 받고 그래! 정신이 나갔구나!"

"월급의 10퍼센트 정도로 자기계발하면 되지, 무슨 대출까지 받아서 하니! 어디 다단계 같은 곳에 빠진 거 아니야?"

이런 말을 하는 사람들은 자기계발의 진짜 의미를 모른다. 그래서 돈이 있을 때만 자기계발하거나 한 달에 베스트셀러 몇 권 읽는 것을 자기계발이라고 착각한다. 동네 카페에 가 보면 스펙을 쌓는 데 정신이 팔려 있는 이들이 너무나 많다. 이들 역시 자기계발을 하고 있다고 착각한다. 염병할! 진짜 의미도 모르고 자기계발을 하니 매일 같은 하루를 사는 것이다.

나는 2년제 대학 졸업을 앞두고 있던 스물네 살 때 시인이 되고 싶었다. 시인이 된다면 죽어도 여한이 없겠다는 생각마저 들었다. 매일같이 시를 한두 편씩 썼다. 서점에 가면 시집 코너에서 시집을 살펴보며 부럽다고 생각했다. 나는 용기를 내어 대구에 위치한 출판사에 내가 쓴 시 원고를 보냈다. 내게 돌아오는 것은 시집으로 낼 수 없으니 다른 출판사를 알아보라는 거절 회신이었다. 그러나 나는 절대 시인이 되는 것을 포기할 수 없었다.

그래서 서울에 있는 여러 출판사에 시 원고를 보냈다. 2개월가량 거절을 당했다. 거듭되는 퇴짜에 좌절하고 절망하던 어느 날, 대구 시내의 한 서점에서 시집들을 살펴보고 있는데 전화가 걸려 왔다. 느낌이 좋았다. 서울의 한 출판사였다. 사장님이 직접 전화한 것이었다. 사장님은 내가 보낸 시 원고들을 살펴보고 시집으로 출간하고 싶다고 했다. 다만 자비출판으로 출간하자는 것이었다. 300만 원이 드는데 출판사와 내가 각각 절반씩 부담해서 내는 조건이었다. 학생의 신분이었던 내가 무슨 돈이 있었겠는가! 물론 우리 집안 역시 거액의 빚으로 신음하고 있었다.

하지만 너무나 시인이 되고 싶었던 나는 아버지에게 150만 원이면 시집을 낼 수 있다고 자초지종을 설명드렸다. 아버지는 노발대발하시며 하라는 공부는 안 하고 정신 나간 짓을 한다는 것이었다. 빚밖에 없는 우리 집에 그런 큰돈이 어디 있느냐며 역정을 내셨다. 하지만 나는 시인이 되는 것을 포기할 수 없었다. 어머니와 작은누나에게 아버지에게 잘 설명해 줄 것을 부탁드렸다. 결국 아버지는 나의 바람대로 유가면 농협에 가서서 150만 원을 대출받아 오셨다. 나는 그 돈으로 시집을 출간할 수 있었다.

지금의 내가 있을 수 있는 것은 대출을 해서라도 한 권의 시집을 출간했기 때문이다. 그 후 계약금과 인세를 받는 시집을 내겠다고 다짐했고 그 소망을 실현했다.

💥 연봉이 3억이라면
지금 힘든 모든 문제들은 사라지게 된다

나는 자기계발을 할 때는 돈 생각을 하지 않는다. 돈이 생기면 내가 읽고 싶은 책들을 먼저 구입했고 남은 돈으로 생활했다. 우선순위를 자기계발로 정하니 나머진 자연스레 해결되었다. 물론 생활의 불편함은 있었지만 곧 지나가는 것이라고 여겼다. 꿈을 이루게 되면 경제적인 자유를 누리게 될 것이므로 충분히 감수할 수 있었다.

여러분도 절박한 심정으로 자기계발을 해야 한다. 지금 경제적으로 힘든 이유는 단 하나다. 나의 몸값이 저평가되어 있기 때문이다. 연봉 3,000만 원을 받고 있는 형편에 어떻게 저축을 할 수 있으며 빚을 갚을 수 있겠는가! 그러나 대출을 받아서라도 목숨 건 자기계발로 나의 몸값을 10배로 높인다면 어떨까? 연봉이 3억이라면 지금의 힘든 모든 문제들은 사라지게 된다. 지출이 수입을 따라가지 못해 저절로 저축이 된다. 그렇게 번 돈을 다시 자기계발에 투자하고, 부동산 등에 투자한다면 자산은 기하급수적으로 늘게 된다. 이는 내가 하고 있는 투자 방식이다.

제대로 된 자기계발법에 대해 알고자 하는가. 010.7286.7232로 문자를 보내거나 전화를 한다면 조언해 주겠다. 책 쓰고 1인 창업해 기하급수적으로 부를 쌓는 비결을 알려 주고 싶다. 그동안 내가 그랬던 것처럼 여러분 역시 목숨을 건 자기계발로 지금의 몸값을 10배 이상 높일 수 있다고 확신한다.

밤에 꾸는 꿈
vs
낮에 꾸는 꿈

평소 자주 생각하는 것들이 현실세계에 나타난다

당신은 밤에만 꿈을 꾸는 사람인가? 낮에도 꿈을 꾸는 사람인가?

자신의 분야에서 최고가 된 사람들은 밤이 아닌 낮에 꿈을 꾼 사람들이다. 낮에 꾸는 꿈이 진짜 꿈이다. 우리가 평소에 빈번하게 떠올리는 것들이 곧 현실세계에 나타나게 된다. 생각의 힘으로 보편적인 세계(영적 세계)에서 바라는 것을 끌어오기 때문이다. 우리가 누리고 있는 모든 것들은 과거에 자주 생각했던 것들이다. 우리가 바라지 않았는데 일어난 것은 단 하나도 없다. 우리는 정확한 끌어당김의 법칙 속에서 살기 때문이다.

우리의 영혼은 수면에 들게 되면 다음과 같은 일을 겪게 된다. 감옥 같은 육체를 벗어나 온 우주와 다른 차원으로의 여행을 하게 된다. 여행하면서 자신이 직면해 있는 어려움이나 고민에 대한 답을 찾는다. 다른 차원에서 다른 영혼들을 만나 소통하기도 하고, 다른 은하계 행성에서 살아가고 있는 또 다른 나를 만나기도 한다. 때로는 미래로의 여행을 하기도 한다. 수면을 취할 때 영혼이 육체를 벗어나는 데는 몇 가지 이유가 있다.

첫째, 영혼이 육체를 떠나는 순간부터 육체는 영혼의 지배를 받지 않는다. 이때부터 육체는 피로를 회복하거나 상처의 치유를 시작한다.

둘째, 영혼은 자유로운 존재다. 지구별에서의 삶을 선택했지만 20시간가량 답답한 육체 속에 갇혀 있는 것은 자유로운 영혼에게는 감옥 생활과 같다. 육체가 수면을 통해 회복, 재충전하는 동안 영혼은 육체를 벗어나 우주여행을 한다.

셋째, 삶에서 겪는 시련에 대한 해결책을 찾고자 과거와 미래, 다른 행성 내지 다른 차원에서 활동하고 있는 여러 영혼들과의 교류를 위해 여행하는 것이다.

우리가 잠자는 동안 육체를 빠져나가 우주를 여행한 경험은 거의 생각나지 않는다. 지구별에서의 삶을 제대로 살기 위해 그렇게 세팅되어 있기 때문이다. 그렇지 않고서 우주여행 혹은 다른 차원에서 만난 영혼에게서 들은 내용들이 속속들이 생각난다면 그 어떤 어려움도 겪지 않게 된다. 쉽고 편한 삶을 살게 될 것이다. 하지만 그렇게 된다면 이 삶을 살면서 다양한 시련과 역경을 통해 지혜를 얻기로 한 천국의 미션은 엉망이 되고 만다. 내가 하고 싶은 말은 밤에 꾸는 꿈은 현실에서 직면한 어려움에 대한 답을 구하기 위함이라는 것이다. 그마저도 잠에서 깨어나면 잘 생각나지 않는다. 시간이 지나면서 꿈속에서의 기억은 안개처럼 사라지고 만다.

🏃 평소 예민하고 감정 기복이 심한 이유는 미래가 없기 때문이다

밤에 꾸는 꿈보다 낮에 꾸는 꿈이 더 가치 있다. 눈뜨고 있는 시간에 꾸는 꿈은 삶을 변화시켜 주는 씨앗이기 때문이다. 안타깝게도 대부분의 직장인들은 책상에 갇혀 업무를 보느라 정작 중요한 꿈을 꿀 여유가 없다. 자신의 1년 후, 3년 후 미래를 그려 볼 시간조차 없는 것이다. 꿈을 꾸지 못하는 사람에게 미래란 없다. 현재와 같은 날이 이어질 뿐이다. 평소 예민하고 감정 기복이 심한 이유는 미래가 없기 때문이다. 삶이 불안하기 때문에, 두렵기 때문에 감정에 날이 서는 것이다.

《성경》의 〈마태복음〉에 보면 이런 내용이 있다.

"그날 예수께서 집에서 나가사 바닷가에 앉으시매 큰 무리
가 그에게로 모여들거늘 예수께서 배에 올라가 앉으시고
온 무리는 해변에 서 있더니 예수께서 비유로 여러 가지를
그들에게 말씀하여 이르시되 씨를 뿌리는 자가 뿌리러 나
가서 뿌릴 새 더러는 길가에 떨어지매 새들이 와서 먹어
버렸고 더러는 흙이 얕은 돌밭에 떨어지매 흙이 깊지 아니
하므로 곧 싹이 나오나 해가 돋은 후에 타서 뿌리가 없으
므로 말랐고 더러는 가시떨기 위에 떨어지매 가시가 자라
서 기운을 막았고 더러는 좋은 땅에 떨어지매 어떤 것은
백 배, 어떤 것은 육십 배, 어떤 것은 삼십 배의 결실을 하
였느니라. 귀 있는 자는 들으라 하시니라. 제자들이 예수께
나아와 이르되 어찌하여 그들에게 비유로 말씀하시나이
까. 대답하여 이르시되 천국의 비밀을 아는 것이 너희에게
는 허락되었으나 그들에게는 아니 되었나니."

소망의 씨앗을 좋은 땅에 심어야 한다. 좋은 땅은 의식을 뜻
한다. 의식에 꿈 씨앗을 심고 강한 믿음과 확신이 더해진다면 씨
앗은 싹을 틔우게 된다. 모든 꿈 씨앗은 실현되게 되어 있다. 그

런데 대부분의 사람들의 꿈이 실현되지 않는 이유는 꿈 씨앗을 의식에 심지 않았기 때문이다. 길가나 돌밭, 가시떨기 위에 심었기 때문이다.

바라는 꿈이 있다면 의식에 심고서 그 꿈이 실현된 모습을 떠올릴 수 있어야 한다. 실현된 모습이 바라는 것의 결과다. 그 결과가 자연스러워야 단기간에 현실에 나타나게 된다. 자신의 꿈이 실현된 모습을 떠올렸는데 부자연스럽다면 그것은 스스로 믿지 않기 때문이다. 아직 내 것이 아니라는 생각이 들어서다. 이런 꿈은 이루어지지 않는다. 이루어지더라도 더디게 실현된다.

🏃 소망이 실현되지 않을 거라는 불안감을 버려라

나는 그동안 과거에 내가 바랐던 모든 꿈들을 이루었다. 심하게 말더듬이 있었던 내가 세상 사람들에게 더 이상 말을 더듬지 않는다는 것을 보여 주기 위해 'TV 출연하기'라는 꿈을 노트에 적었다. 그러곤 2개월 후 JTBC TV 특강 〈행복플러스〉와 KBS1 〈아침마당〉에 출연할 수 있었다.

직장생활이 너무나 힘들었던 나는 작가, 코치, 강연가, 1인 창업가의 꿈을 꾸었고, 1년에 30억 원을 벌겠다는 꿈을 적었다. 10년이 지난 후 나는 30억 원 이상의 수익을 올리는 대한민국 대표 책쓰기 코치, 성공학 코치, 강연가가 되었다. 과거 마티즈와 코란도를 타고 다녔던 나는 벤츠와 BMW의 차주가 된다는 꿈을 적었다. 이 꿈은 나를 벤츠, BMW, 벤틀리, 레인지로버, 포르쉐, 람보르기니, 페라리 등의 차주가 되게 했다.

20대 후반 때 갑작스레 아버지가 돌아가셨다. 거액의 빚을 갚지 못하자 2개월 후 농협에서 압류가 들어왔다. 나는 2년 안에 모든 빚을 누구의 도움 없이 나 혼자의 힘으로 갚겠다고 결심했다. 그러곤 정말 2년 만에 빚을 모두 갚을 수 있었고, 지금은 100평대 펜트하우스에서 살고 있다. 나는 이 지면에 일일이 열

거할 수 없을 정도의 수많은 꿈들을 실현했다.

나는 내가 이루고 싶은 꿈들을 낮에 자주 떠올린다. 내가 원하는 결과의 모습을 상상한다. 이것이 나만의 낮에 꿈을 꾸는 방식이다. 나는 내가 그 꿈들을 생각하는 시간과 실현되는 시간이 비례한다는 것을 잘 알고 있다. 나는 내가 바라는 것들이 이루어지지 않으면 어쩌지, 하는 생각은 하지 않는다. 생각이나 계획은 내가 세우지만 이루시는 분은 하나님이기 때문이다.

하나님은 내가 모르는 길을 알고 계신다. 많은 사람들의 꿈이 실현되지 않는 이유는 소망이 실현되지 않을 거라는 불안감 때문이다. 그 불안한 생각이 현실이 되는 것이다.

🏃 천국의 비밀은 자격이 있는 천국의 시민들에게만 허락되었다

나는 《성경》을 좋아한다. 그중 〈요한복음〉, 〈마태복음〉을 가장 좋아한다. 이 두 편만 수십 번 읽는다면 시행착오를 겪지 않고 단기간에 성공하는 원리와 비법을 찾을 수 있다. 《성경》은 텍스트만 읽는 책이 아니다. 예수와 그 제자들의 비의적인 표현들이 많이 담겨 있기 때문이다. 비의적인 해석이 필요한 책이 바로 《성경》이다. 예수께서는 제자들에게 말할 때 쉽게 설명하지 않았다. 다양한 비유를 들어서 지혜 있는 자들만 이해할 수 있게끔 했다. 천국의 비밀은 자격이 있는 천국의 시민들에게만 허락되었다.

예수께서는 "좋은 땅에 뿌려졌다는 것은 말씀을 듣고 깨닫는 자니 결실하여 어떤 것은 백 배, 어떤 것은 육십 배, 어떤 것은 삼십 배가 되느니라."라고 말했다. 현재는 미래로 이어진다. 예수의 "내 안에 있는 그리스도보다 더 위대한 능력은 없다. 스스로 말을 선포하면 모든 것이 그대로 이루어지리라."라는 말을 기억해야 한다. 소망의 씨앗이 좋은 땅, 의식에 심길 때 100배 이상으로 수확하게 됨을 잊어선 안 된다.

독자에서
저자로
위치를 바꾸어라

"당신은 가장 빨리 성공하는 방법을 알고 있습니까?"

나는 보다 쉽게, 빨리, 더 크게 성공하는 법을 알고 있다. 남들은 10년 동안 하루에 서너 시간 자고 뼈 빠지게 일해서 어떤 결과물을 만들어 낸다. 하지만 나는 단 1년 만에 더 큰 성취를 이룰 수 있는 비결을 알고 있다. 자신의 위치를 바꾸는 것이다. 남의 책만 읽는 독자의 위치에서 나의 삶과 깨달음을 담은 책을 쓰는 저자로 위치를 바꾸면 된다. 성공의 기회는 위치가 바뀔 때 나를 찾아오게 되는 것이다.

나는 24년 동안 책을 써 왔다. 다양한 분야를 다룬 250권의 책을 펴내면서 터득하게 된 깨달음이 있다. 몇 가지를 요약하면 이렇다.

첫째, 세상에 태어날 때부터 글을 잘 못 쓰는 사람은 없다.

둘째, 모든 사람의 내면에는 보석보다 더 귀한 지적 자산들이 있다.

셋째, 책만 읽는 사람은 평생 책만 읽지만, 책을 쓰는 사람들은 평생을 코칭과 강연 등으로 자신의 지식과 경험, 깨달음을 전하며 최고의 삶을 산다.

넷째, 세상에는 더 빨리 성공하고 부자가 되는 길이 존재한다. 다만 대부분의 사람들은 대중이 가는 길을 따라가기 때문에 보지 못할 뿐이다.

다섯째, 성공의 기회는 나의 포지션을 바꿀 때 주어진다.

여섯째, 부자로 살고 싶다면 직장생활이 아닌 사업을 하라.

일곱째, 세상에는 책만 읽는 바보가 널렸다. 책을 쓴다면 평범함을 넘어 비범한 존재가 된다.

여덟째, 책은 최고의 학위다. 박사학위는 책 학위에 비할 바가 못 된다.

아홉째, 책을 쓸수록 나의 지식과 지혜가 더 깊어진다.

열째, 남들은 스펙 인생을 살 때 스토리 인생을 살아가게 된다.

나는 책을 쓰면서 나의 지식과 지혜가 더욱 깊어지는 것을 느낀다. 작년과 올해 나의 지식과 지혜의 깊이가 다르다. 책을 쓰는 과정에서 내 안의 지식들이 정립되고, 그 지식들은 다시 화학작용을 일으키게 된다. 기존 지식들에서 또 다른 지식들이 재탄생하는 것이다. 지혜는 쓰면 쓸수록 날카로워지고 깊어진다. 생각을 자주 할수록 생각의 깊이가 더해지는 것처럼 지혜 역시 갈고닦을수록 날카로워지고 빛나게 된다.

책을 쓰는 일은 지식과 지혜의 칼날을 가는 것이다. 나를 만나는 사람들은 하나같이 나의 지식과 지혜에 감탄한다. "김도사님은 어떻게 이런 지식과 지혜를 얻게 되셨나요?", "김도사님과 단 1분만 대화를 나눴을 뿐인데 제 모든 고민이 사라졌습니다!", "제 속을 훤히 들여다보시는 것 같아요." 나는 어떤 사람을 만나든 그의 눈빛을 들여다보며 몇 마디만 나눠 보면 그의 고민을 알 수 있다. 그리고 그 고민에 대한 해결책을 제시해 주고 있다. 나는 내가 가진 지혜가 하나님으로부터 왔음을 알고 있다.

🏃 나는 돈이 얼마나 소중하고 중요한지 잘 알고 있다

과거의 나에게는 지금 갖고 있는 지혜가 없었다. 그래서 20여 가지의 아르바이트를 전전하면서 밤낮없이 글을 써야 했다. 우유와 신문, 전단지를 돌리는 일을 했는가 하면, 막노동을 하면서 발을 못에 찔리기도 했다. 캔 만드는 공장에서 일하다가 손가락이 날아갈 뻔한 일을 겪기도 했다. 주유소에서 경유 트럭에 휘발유를 넣는 실수를 하기도 했다. 반 평도 채 안 되는 고시원에 처박혀 글을 쓸 때 지갑에 1,000원짜리 한 장도 없어 3일을 굶기도 했다. 그때 나는 굶주림이 얼마나 무서운 것이 실감했다.

내가 경험한 굶주림은 죽는 일보다 더 처참했다. 당시 나는 하루에도 수십 번 자살하고 싶은 유혹에 시달리고 있었다. 그런데 뱃가죽이 등가죽과 인사할 정도로 굶주리자 죽고 싶은 생각이 싹 달아났다. 오로지 어떻게 하면 무언가를 먹을 수 있을까, 하는 생각뿐이었다. 반나절을 고시원 공용 냉장고에 들어 있는 남의 반찬을 꺼내 먹는 것에 대해 고뇌했다. 아무도 보지 않지만 남의 반찬을 꺼내 먹자니 나의 자존심이 허락하지 않았다. 무엇보다도 그 반찬을 만들어 준 누군가의 가족들에 대한 죄책감이 컸다.

하지만 시간이 흐르면서 굶주림은 더 심해졌다. 더 이상 자존심이나 죄책감을 따질 여유가 없었다. 밥통에 있는 밥을 찬물에 말아서 누군가의 김치 반찬을 꺼내 게 눈 감추듯 먹어 치웠다. 당시 세 그릇이나 먹었던 것 같다. 그렇게 먹고 나니 이제야 좀 제정신이 돌아오는 듯했다. 다시금 배고픔이 얼마나 무서운지 뼈저리게 느끼게 되었다. 그때 나는 돈이 얼마나 소중하고 중요한지 깨달을 수 있었다.

나는 한책협의 수강생들에게 일일이 책 주제를 정해 준다. 그럴 때 책 출간 후 코칭, 강연, 컨설팅을 비롯해 1인 창업할 수 있는 주제인지를 따져 보고 정해 준다. 내가 "돈이 되지 않는 주제의 책은 쓰지 마라!"라고 단호하게 말하는 이유가 여기에 있다. 지독한 배고픔을 겪어 본 코치로서 너희들은 나와 같은 고통스런 경험을 하지 말라는 메시지가 담겨 있는 것이다.

🏃 스펙 쌓기에서 벗어나 책을 써서 스토리 인생을 살아라

빨리 성공하고 싶은가? 부자가 되고 싶은가? 그렇다면 직장생활만 하다가 인생을 망치지 말고 책을 써서 퍼스널 브랜딩해야 한다. 세상은 특별한 사람들에게 눈길을 돌리고 그들에게 온갖 기회를 제공한다. 당신이 아직 평범한 사람이라면 남은 미래 역시 지금과 별반 차이가 없을 것이다. 지금처럼, 아니 어쩌면 지금보다 더 비참하게 늙어 갈지 모른다. 거리에서 힘겹게 리어카를 끌며 폐지를 줍는 노인들의 모습이 남의 일이 아닐 수 있다. 지금부터 나 자신을 브랜딩하지 않으면 당신이 그렇게 외면하고 싶어 했던 미래를 맞이하게 된다.

나에게 책쓰기 코칭을 받은 지 반 년 만에 작가, 코치, 강연가, 1인 창업가로 성공한 이들은 헤아릴 수 없이 많다. 이들 가운데 수학강사로 활동하면서 1인 창업가로 투 잡을 하고 있는 허갑재, 서동범 작가가 있다. 허갑재 작가는 나를 만나 단 1개월 만에 원고를 쓰고 《1등 수학 강사 한끗 차이다》를 출간했다. 서동범 작가 역시 1개월 만에 원고를 마치고 《억대연봉 강의기술》을 펴냈다.

두 사람은 지인 사이로 현재 네이버 카페를 개설해 1인 창업을 동업 형태로 운영하고 있다. 수학강사로 활동하며 억대 수입을 올리면서도 지금은 독자들을 대상으로 코칭, 컨설팅, 강의를 하면서 보통 사람들은 생각도 할 수 없는 고수익을 창출하고 있다. 더 많은 영향력을 펼치기 위해 블로그 마케팅과 인스타그램까지 활발하게 하고 있다.

만약 허갑재, 서동범 작가가 책을 쓰지 않았다고 가정해 보자. 분명 세상에 모래알처럼 널려 있는 평범한 수학강사로 살아갔을 것이다. 이제 두 사람은 자신의 이름으로 된 책을 출간해 확실히 퍼스널 브랜딩했다. 한책협에는 이들과 같은 이들이 2만 명 가까이 된다. 그들 모두 자신의 삶을 개선하고자 노력하고 있는 것이다.

이제부터는 스펙 쌓기에서 벗어나 책을 써서 스토리 인생을 살아야 한다. 갈증이 난다고 해서 바닷물을 마신다면 더욱 갈증이 나게 된다. 바닷물을 계속 마시다간 급기야 뇌가 수축되어 죽고 만다. 스펙도 마찬가지다. 당장 더 나은 조건의 직장으로 이직, 전직하기 위해 스펙을 채우다간 평생 돈과 시간, 에너지를 낭비하게 된다. 결과적으로는 남는 게 없는 빚쟁이 삶이 된다. 반면에 내 책을 한 권 쓰게 되면 더 이상 스펙에 대한 미련을 가지지 않게 된다. 책 학위보다 더 나은 학위는 없다는 것을 깨닫기 때문이다.

책쓰기는 하나님이 우리에게 주신 최고의 퍼스널 브랜딩 선물이다

나는 그동안 알게 된 돈 버는 방법과 책 쓰는 법 등을 유튜브 〈김도사TV〉에서 공개하고 있다. 구독한다면 당신의 삶은 빠른 속도로 달라질 것이다. 나는 책을 쓰면서 의식의 크기가 커진다는 것을 알았다. 내가 책을 50권 펴냈을 때와 100권 펴냈을 때, 그리고 지금처럼 250권의 책을 펴냈을 때의 의식의 크기는 완전히 다르다. 사람은 의식의 크기만큼 성취하고 성공하게 된다. 의식이 작은 사람은 작은 성취를 얻게 된다. 크게 성공한 사람들은 모두 의식의 크기가 크다. 나는 성공은 의식의 결과라는 것을 알고 있다.

나는 이 책을 읽는 모든 독자들이 더 이상의 독서에서 벗어나 책쓰기를 할 것을 주문하고 싶다. 책쓰기는 하나님이 우리에게 주신 최고의 퍼스널 브랜딩 선물이다. 어느 정도 먹고살 만해지면, 어느 정도 성공하고 나서 책을 쓴다는 생각은 금물이다. 평범한 사람에게 그런 날은 잘 다가오지 않기 때문이다. 나는 모든 사람들이 만사 제치고 책부터 써내고 책을 읽고, 결혼하고, 사업하고, 사람들을 만나고, 공부하기를 소망한다.

비결을 알면
하루 1시간만 노력해도
원하는 결과를
얻게 된다

🏃 나는 책을 쓰면서 1만 권이 넘는
책을 읽었으며 많은 성공자들을 만났다

대부분의 사람들은 성공을 향해 노력하지만 성공과 먼 인생을 산다. 잠잘 시간까지 아껴 가며 일하고, 자기계발을 하지만 성공하지 못한다. 그들은 단기간에 결과를 얻는 비결을 모르고서 열심히만 하기 때문이다. 그래서 4시간만 자고서 20시간을 고군분투하더라도 원하는 결과를 얻을 수 없다. 그런 만큼 비결을 모르고 한다면 안 하는 것만 못하다.

비결을 알면 어느 분야에서건 하루 1시간만 노력해도 원하는 결과를 얻을 수 있다. 1만 시간의 법칙이 있다. 이 법칙은 처음부터 끝까지 온갖 시행착오를 겪어 가며 혼자의 힘으로 성취한 사람들에게 해당된다. 10년 동안 죽을힘을 다해 성공하는 것도 의미가 있다. 그러나 10년 동안에 걸쳐 이룰 성취를 1년 안에 얻을 수 있다면 어떨까? 그만큼 세월과 노력과 돈을 아낄 수 있다.

보통 사람들이 꿈을 향해 분투하다가도 중간에 포기하는 이유는 시간이 많이 걸리기 때문이다. 과정을 견디지 못하는 것이다. 아무리 결과가 화려하고 크더라도 얻기까지 걸리는 시간이 너무 길어진다면 대부분 포기하고 만다. 대다수 사람들에겐 강한 인내가 없기 때문이다.

사람들은 나를 '김도사'라고 부른다. 도사는 어떤 일에 아주 능숙한 사람을 뜻한다. 나는 책 쓰는 법과 성공하는 법, 부자 되는 법, 의식 사고를 바꾸는 법에 아주 능숙하다. 사람들은 나와 단 5분만 대화해 보면 내가 어떤 의식 사고를 가졌고, 어느 수준의 비법을 가졌는지 눈치챈다. 그들이 내가 조언하는 대로 실천하는 이유다.

내가 책쓰기와 성공하고 부자가 되는 법 등에서 도사가 될 수 있었던 데는 이유가 있다. 24년 동안 펴낸 책이 250권에 달한다. 지금도 이 책을 집필하고 있다. 책을 쓰면서 1만 권이 넘는 책을 읽었으며 수많은 성공자들을 만났다. 그리고 그들이 가진 성공 비법에 내가 경험하고 연구하면서 알게 된 지혜를 접목시켰다. 수많은 시행착오를 겪으면서 포기하고 싶은 유혹에도 시달렸다. 하지만 나와 함께하시는 하나님을 생각하며 버텼다. 당시는 너무나 힘들었지만 내 분야에서 최고가 된 지금은 분명히 말할 수 있다. 어떤 분야건 최고에게 배운다면 혼자 할 때 드는 시간과 노력, 비용을 10분의 1 수준으로 줄일 수 있다고 말이다.

🏃 내가 성공을 위해 할 수 있는 최선은 책을 쓰는 것이었다

20대 시절 2년제 대학 화장품학과 출신으로 스펙이 없었다. 말도 더듬었고 자존감이 바닥이었다. 하지만 나는 남들과 다른 삶을 살고 싶었다. 성공해서 경제적으로 부유한 특별한 삶을 살고 싶었다. 그때 내가 성공을 위해 할 수 있는 최선은 책을 쓰는 것이었다. 살아오면서 가족과 친구들, 친척들과 지인들로부터 제대로 한번 인정받은 적이 없었다. 책을 펴낸다면 부모 형제는 물론 나를 아는 사람들이 나를 인정해 주고 칭찬해 줄 것 같았다.

"우리 아들이 책을 냈어!"
"장하다, 우리 아들!",
"내 동생이 책을 출간했어! 꼭 읽어 봐!"
"아니, 서른도 안 된 사람이 책을 다 내고 정말 대단해!"

"젊은 사람이 책까지 냈으니 앞으로 크게 되겠어!"

이런 인정과 칭찬을 듣고 싶었다. 3년 반 동안 매일 A4 6장 정도를 쓰며 작가가 된 내 모습을 상상했다. 그러나 들뜬 마음으로 100여 군데의 출판사에 투고했지만 돌아오는 대답은 '거절'이었다. 자신의 출판사와 맞지 않는다는 답신이었다. 나는 나와 맞지 않는 출판사들에 원고를 보냈으니 어쩔 수 없는 것이라며 나 자신을 달랬다. 하지만 거듭되는 출판사의 거절 메일에 나는 좌절했고 절망했다. 매일 수십 번 절망과 희망 사이를 오갔다.

그러면서도 새로운 주제를 기획했고, 제목을 만들고 목차를 구성했다. 그러곤 바로 원고 쓰기에 돌입했다. 당시 한 달에 써낸 원고가 5~6권 정도 된다. 나처럼 책 쓰는 법을 배우지 않은 사람이 할 수 있는 것은 지독한 마음으로 쓰는 것뿐이었기 때문이다. 죽을힘을 다해 원고를 쓴다면 출판사 한 군데 정도는 알아주지 않을까 하는 생각이었다. 3년 반이 지난 시점에서 운 좋게도 바움출판사와 2권의 원고를 계약하게 되었다. 그렇게 해서 출간된 책이 《꿈이 있는 다락방》, 《마음이 담긴 몽당연필》이다. 책에 쓴 나의 글이 초등학교 교과서에 수록되기도 했다.

그동안 펴낸 책의 권수는 250권에 달한다. 장르도 어린이 동화와 자기계발서, 청소년 에세이와 자기계발서, 성인 에세이와 자기계발서, 인문, 건강서 등 다양하다. 250권에 달하는 책을 쓰면서 트렌디한 원고를 기획하고, 출판사와 독자들의 눈길을 끄는 제목을 뽑아내고, 섹시하면서도 일목요연한 목차를 구성하는 비법을 터득하게 되었다. 내가 한책협을 운영하면서 9년간 1,000명의 작가를 배출할 수 있었던 것은 과거 수백 권의 책을 썼던 경험 덕분이다.

출판사로부터 500번 거절당할 당시에는 죽을 만큼 힘들었다. 하지만 지금 생각해 보면 그런 시련들이 있었기 때문에 더 나은 주제를 기획하고 제목과 목차를 만들기 위해 분투할 수 있었던 것이다. 이 중에 여러 권이 해외 여러 나라에 수출되어 출판되었다. 내가 쓴 책이 초·중·고등학교 16권의 교과서에 수록되기도 했다.

🏃 하나님은 내가 바라는 그 이상을 주시는 분임을 잘 알고 있다

나는 힘들어서 모든 것을 포기하고 싶어질 때마다 하나님이 나를 전 세계 최고의 책쓰기 코치로 만들기 위해서 시련을 주셨다고 믿었다. 지금은 어떤 사람을 만나도 그 사람에게 꼭 맞는 주제를 기획해 주고 제목과 목차 만들기뿐만 아니라 원고 쓰기, 출판사와 계약하는 법, 내 책으로 코치와 강연가, 1인 창업가가 되는 법에 대해 자세히 알려 줄 수 있다. 지금은 가난으로 고통받지도, 사람들에게 무시당하지도 않는다. 나는 평생 놀고먹을 수 있는 경제적 자산을 이루었다. 하루에도 수많은 사람들이 책 쓰는 법과 성공하고 부자 되는 법을 알기 위해 나를 찾아온다.

《성경》의 〈여호수아〉 편을 보면 다음과 같은 이야기가 나온다.

"이스라엘 자손들로 인하여 여리고는 굳게 닫혔고 출입하는 자 없더라. 여호와께서 여호수아에게 이르시되 보라 내가 여리고와 그 왕과 용사들을 네 손에 붙였으니 너희 모든 군사는 성을 둘러 성 주위를 매일 한 번씩 돌되 엿새 동안을 그리하라. 제사장 일곱은 일곱 양각나팔을 잡고 언약궤 앞에서 행할 것이요, 제 칠 일에는 성을 일곱 번 돌며 제사장들은 나팔을 불 것이며 제사장들이 양각나팔을 길게 울려 불어서 그 나팔 소리가 너희에게 들릴 때에는 백성은 다 큰 소리로 외쳐 부를 것이라. 그리하면 그 성벽이 무너져 내리리니 백성은 각기 앞으로 올라갈지니라 하시매 여호수아가 백성에게 명하여 가로되 너희는 외치지 말며 너희 음성을 들레지 말며 너희 입에서 아무 말도 내지 말라. 그리하다가 내가 너희에게 명하여 외치라 하는 날에 외칠지니라 하고 여호와의 궤로 성을 한 번 돌게 하니라. 무리가 진에 돌아와서 진에서 자니라. 여호수아가 아

침에 일찍이 일어나니라. 제사장들이 여호와의 궤를 메고 일곱 제사장은 일곱 양각나팔을 잡고 여호와의 궤 앞에 서 계속 진행하며 나팔을 불고 무장한 자들은 그 앞에 행하며 후군은 여호와의 궤 뒤에 행하고 제사장들은 나팔을 불며 행하니라. 그 제 이 일에도 성을 한 번 돌고 진에 돌아오니라. 엿새 동안을 이같이 행하니라(〈수〉 6:1~14)."

이스라엘 민족은 하나님의 말씀에 토를 달지 않고 그대로 순종했다. 엿새 동안 아무 소리도 내지 않고 매일 한 바퀴씩 성을 돌다가 제 칠 일에 한목소리로 외치자 성이 무너져 내리기 시작했다. 이는 에너지 파장을 이용해 여리고 성을 무너뜨린 것이다. 하나님의 말씀대로 순종한다면 생각지도 못했던 데서 홍해가 갈라지는 것같이 길이 열리게 된다.

우리는 종종 시험대에 놓이게 된다. 그럴 때마다 모세가 홍해를 가르고 이스라엘 민족이 여리고 성을 함락시켰던 것을 기억하고 하나님의 말씀에 대한 믿음을 단단히 붙잡아 매야 한다. 나는 계획했던 일이 뜻대로 되지 않거나 결과가 실망스러울 때 마음이 흔들렸다. 하지만 이내 불안과 의심을 몰아내고 확신과 믿음으로 채웠다. 하나님은 내가 바라는 그 이상을 주시는 분임을 잘 알고 있기 때문이다. 나의 아버지인 하나님께서 아들인 나에게 실망을 안겨 주실 리 만무하기 때문이다.

🐾 비용이 얼마가 들더라도 최고의 코치에게 배워야 한다

인생은 시간으로 이루어져 있다. 다른 모든 것을 가지고도 남아 있는 시간이 얼마 없다면 그보다 더 헛된 일이 있을까. 어떤 분야건 비결을 알면 하루 1시간만 노력해도 원하는 결과를 얻게 된다. 책을 쓰거나 성공을 하거나 부자가 되고 싶다면 그 분야 최고의 코치에게 비결을 배워야 한다. 혼자서 끙끙대며 이루려 한다면 많은 시간과 에너지, 돈을 허비하게 된다. 인생을 망치게 된다. 가난한 사람들은 비용을 아끼기 위해 혼자 시도한다. 그러다 온갖 시행착오를 겪으며 빚만 진 채 포기하고 만다.

《성경》의 〈히브리서〉에 나오는 말이다.

"믿음은 바라는 것들의 실상이요 보이지 않는 것들의 증거니 선진들이 이로써 증거를 얻었느니라. 믿음으로 모든 세계가 하나님의 말씀으로 지어진 줄을 우리가 아나니 보이는 것은 나타난 것으로 말미암아 된 것이 아니니라."

지금 우리가 쓰는 것들은 모두 지금까지 없었던 것이 아니다. 실재 속에 이미 있는 것을 마음의 눈을 떠서 보았기 때문에 나타난 것이다. 하나님은 "네가 보고 있는 땅을 너에게 유산으로 주겠다."라고 말씀하셨다. 이미 바라는 소망이 완결되었다고 생각하고 완결된 태도를 취하는 자가 되어야 한다.

비용이 얼마가 들더라도 최고의 코치에게 배워야 한다. 그 코치가 이룬 성취를 보다 빨리 이뤄야 한다. 인생에서 가장 중요한 것은 돈이 아닌 시간이다. 바라는 결과를 단시간에 이룰 때 우리는 그만큼 인생을 아끼는 것이다. 아낀 시간 동안 하고 싶은 일들을 다 하고 소중한 사람들과 함께 아름다운 추억도 쌓으며 후회 없는 삶을 살아야 한다.

나의 성격이
급한 게 아니라
당신의 성격이
느린 것이다

"아직도 일을 못 마쳤어?"

"아직도 원고를 질질 끌고 있는 거야?"

"아직도 어떤 차를 선택할지 결정 못한 거야?"

"아직도 과거에 얽매여 있는 거야?"

나는 보통 사람들이 해내는 일의 10배 이상 해내고 있다. 이 일 하다가 저 일 하고 내가 운영하는 네이버 카페에 들어가 게시글을 작성하고 댓글을 단다. 그리고 같은 공간에 있는 ABC엔터테인먼트 소속 코치들을 호출해 조언한다. 다중 작업, 즉 멀티태스킹(multitasking)이 가능하다. 나를 처음 본 사람들은 정신없어한다. 어떻게 그렇게 다양한 일을 동시에 할 수 있는지 의아해한다.

내가 멀티태스킹이 가능한 것은 두 가지 강점 때문이다. 바로 산만함과 급한 성격이다. 나는 산만한 사람이다. 한 가지 일에 오래도록 집중하지 못한다. 그래서 한 가지 일을 하다가 얼마 후 다른 일을 하는 것이다. 다른 일을 할 때 기분전환이 되면서 새로운 에너지가 솟기 때문이다. 급한 성격은 내가 어떤 일을 하게 되면 단기간에 해내게 만든다. 데드라인보다 일찍 끝마치게 되는 데 일을 질질 끄는 것을 싫어하는 성격 때문이다.

자동차를 구입할 때 대부분의 사람들은 몇 달씩 어떤 차를 선택할지 고민한다. 지인들에게 꼼꼼하게 조언을 구한다. 나는 그렇지 않다. 자동차 매장에 가서 시승도 하지 않고 구매한다. 4억 원에 육박하는 람보르기니도, 3억 원에 달하는 벤틀리도, 2억 원의 레인지로버도 그렇게 구입했다. 물론 요즘은 그렇지 않다. 조금 더 여유를 두고 구입한다. 내가 사고 싶은 자동차를 두세 대 선택한 후 인터넷이나 유튜브 영상을 통해 그 차의 장단점을 비교한다. 그리고 직접 매장을 방문해서 실물을 보고 시승해 본 후 바로 구입한다.

사람들은 고가의 자동차를 그렇게 성급하게 살 필요가 있느냐고 묻는다. 그러면 나는 굳이 그렇게 고민에 고민을 거듭하며 차를 구입할 필요가 있느냐고 반문한다. 결국은 사고 싶은 것을 사게 될 텐데 말이다.

🏃 나에게 성격이 급하다고 말하는 사람들 가운데 성공한 사람은 거의 없다

대부분의 사람들이 나를 보며 성격이 급한 사람이라고 말한다. 사실 나는 성격이 급한 사람이다. 그들의 기준에서 본다면 말이다. 그런데 재미있는 것은 나에게 성격이 급하다고 말하는 사람들 가운데 성공한 사람은 거의 없다는 것이다. 내가 아는 사람들은 대부분 느긋한 사람들이다. 책을 읽어도 천천히 읽고 어떤 선택을 내릴 때도 오랜 시간이 걸린다. 생각에서 행동까지 걸리는 시간이 길다. 이런 사람들은 지구 한 바퀴를 도는 거리보다 머리에서 가슴까지의 거리가 더 멀다. 그들이 충분히 더 나은 삶을 살 수 있음에도 그러지 못하는 것은 느긋함 속에 시간과 열정을 소비하기 때문이다.

자신의 분야에서 어느 정도의 위치에 올랐거나 성공한 사람들은 다르다. 사람들은 나의 말과 행동을 보며 성공할 수밖에 없는 사람이라고 말한다. 젊은 사람이 도전적이고 열정이 강하다며 칭찬을 아끼지 않는다. 나를 보며 자신의 젊은 시절을 회상하기도 한다. 나는 자신 있게 말할 수 있다. 나의 성격이 급한 게 아니라 당신의 성격이 느린 것이라고. 사람은 보통 자신을 기준으로 상대를 평가한다. 성격이 느린 사람은 자신보다 빠르게 행동하는 사람을 보면 급하다고 말한다. 자신의 기준에서 말이다.

인생은 시간이다. 시간은 단 1초도 멈추지 않고 흘러가고 있다. 이 말은 우리 모두 늙어 가고 있고 죽음을 향해 달려가고 있다는 뜻이다. 먼발치에서 죽음이 손짓하고 있는데 굳이 나무늘보의 걸음으로 삶을 소비할 필요가 있을까? 빠른 생각과 빠른 행동이야말로 우리가 갖고 있는 무형의 자산들을 미래에 투자하는 것이라고 생각한다.

🏃 스펙은 현대판 노예로 살기 위해서만 필요하다

나는 사람들에게 "왜 하루에 10만 원만 벌어야 하는가?"라고 묻는다. 내 입장에선 하루 10만 원을 벌기 위해 아침 일찍 일어나 회사에 출근해서 늦은 밤까지 일에 파묻혀 사는 것이 이해가 안 되기 때문이다. 대부분의 사람들은 하루 일당 10만 원을 벌기 위해 대학, 대학원까지 졸업했다. 학위를 취득하는 과정에서 수억 원의 돈을 소비했다.

내가 투자가 아닌 소비라고 말하는 것은 대부분 초등학교에서부터 4년제 대학을 졸업하기까지 들인 16년의 시간과 5억여 원의 돈이 자신이 바랐던 삶과 이어지지 않기 때문이다. 사람에 따라 대학원에서 석사, 박사 과정까지 밟는 사람들은 그 기간이

2.5년에서 10년 정도까지 늘어나게 된다.

그러나 석사나 박사 학위를 취득하더라도 삶이 크게 나아지지 않는다. 오히려 학위를 따느라 쏟아부은 시간과 비용 때문에 삶은 더욱 피폐해진다. 경제적 자유인으로 만들어 주는 부는 학교에서 죽은 지식을 주입한다고 해서 가질 수 있는 것이 아니다. 죽은 지식, 즉 스펙은 대기업이나 공기업 직원, 공무원으로서 직장생활을 하며 푼돈을 벌기 위해 필요한 것이다.

누구나 크게 성공해서 경제적 자유인이 될 수 있다고 생각한다. 하나님은 우리 모두에게 똑같이 성공의 달란트를 주셨다. 그 달란트를 잘 활용해야 한다. 《성경》에 보면 달란트 이야기가 나온다.

주인이 먼 나라로 가면서 3명의 종에게 각각 5달란트, 2달란트, 1달란트를 맡겼다. 얼마 후 주인이 돌아왔을 때 장사를 통해 재산을 2배로 불린 2명은 착하고 충성된 종이라는 칭찬을 받았다. 하지만 땅에 달란트를 묻어 두었던 종은 악하고 게으른 종이라 꾸지람을 듣고 내쫓김을 당했다.

달란트 이야기는 자신이 갖고 있는 달란트를 사장시키지 말고 적극 활용하라는 의미다. 대부분의 사람들은 자신에게 어떤 달란트가 있는지도 모른다. 그런 채 남이 만든 기업에서 시키는 일만 하며 푼돈을 벌기를 원한다. 그러면서 자신은 이런 삶을 살아갈 사람이 아니라고 토로한다. 성공하고 부자가 되기를 원한다면 하나님이 자신에게 주신 달란트가 무엇인지부터 알아야 한다. 그리할 때 자신이 가진 달란트를 어떻게 활용할 수 있을지 알게 된다. 재미있고 기대되는 삶은 이때부터 시작되는 것이다.

🏃 성공하는 삶을 살기 위해 필요한 5가지

나는 《성경》의 원리를 접목해 사람들에게 다섯 가지를 코칭하고 있다.

첫째, 우주의 법칙, 상상의 법칙을 통해 원하는 것을 만들어 내는 법

둘째, 자신의 지식과 경험, 삶의 깨달음을 책에다 담는 법

셋째, 책을 펴낸 후 온라인 카페를 만드는 1인 창업으로 단기간에 고수익을 올리는 법

넷째, 넓은 집에서 좁은 꽃밭을 가꾸는 어리석은 사람이 되지 않는 의식 확장 및 마인드 교육

다섯째, 삶을 주도적으로 사는 법

성공하는 삶을 살기 위해선 앞서 말한 다섯 가지를 기억해야 한다. 내가 바라는 것을 현실로 만들어 내는 것은 어렵지 않다. 오히려 너무나 쉽고 간단하다. 하나님께서 천지를 계획하시고 만드실 때 하셨던 그 방법을 따라 하면 된다. 하나님과 스스로에 대한 확신과 믿음이 필요할 뿐 다른 무언가는 필요하지 않다.

이 책을 읽는 사람들 중에 더 나은 삶을 살고자 한다면 만사 제치고 나를 찾아오면 된다. 내게 고민을 들려준다면 나의 지혜를 당신에게 나눠 줄 수 있다. 다만 나를 만나면 원하는 것에 대한 답을 들을 수 있다는 믿음을 갖고 와야 한다.

나는 사람들에게 빠르게 생각하고 빠르게 행동하라고 말하고 싶다. 세상은 갈수록 급변하고 있다. 급변한다는 것은 사람들의 생각과 행동이 빨라졌다는 말이다. 그만큼 자기 자신을 혁명하고 세상을 혁신하는 사람들이 늘어났다고 보면 된다. 이런 상황에서 황소걸음처럼 걷겠다는 것은 삶을 포기하는 것과 같다.

삶을 망치겠다는 것이다. 당신은 비참하고 고통스러운 삶을 살기 위해 20여 년간의 세월과 수억 원의 돈을 들여 대학 학위를 받았는가?

우리는 지구의 자전속도보다 빨리 실행해야 한다. 지구의 자전속도는 465.11m/s이다. 이를 시속으로 환산하면 1,674.396km/h다. 자동차 계기판에 1,674가 찍힌다고 보면 된다. 일반적인 항공기는 700~900km/h 속도로 비행한다. 지구의 자전속도가 비행기보다 더 빠른 것이다.

우주의 모든 것들은 빠르게 변화하는데 당신만 그렇지 않다. 영원한 진리가 있다. 모든 것은 변화한다는 것이다. 변화하지 않는 것은 도태되고 사라지고 만다. 나는 지금껏 그래 왔던 것처럼 빠르게 생각하고 빠르게 판단하고, 빠르게 행동하며 삶을 살겠다. 하나님으로부터 받은 달란트를 활용해서 남들보다 100배 이상의 성취를 하며 후회 없는 삶을 만들 것이다.

인생은
선택이다,
최고의 선택을 하라

🏃 당신이 써내는 책이
당신을 거인으로 만들어 줄 것이다

우리는 매 순간 어떤 선택을 하고 있다. 그 순간에는 최선의 선택이라고 여겼지만 시간이 지나고 나서 돌아보면 차선의 선택인 경우가 많다. 그런 와중에 최선의 선택을 내린 사람들은 최고의 삶을 만들어 간다. 하지만 차선의 선택을 내린 사람들은 후회 가득한 삶을 이어 가게 된다.

삶이란, 수많은 선택이 모여 만들어진 것이다. 최고의 삶을 살기 위해선 최고의 선택을 내려야 한다. 최고의 선택이란 후회가 없으며 단기간에 원하는 결과를 만들어 낼 수 있는 가장 최적의 것을 골라내는 것을 말한다. 그동안 내가 살아오면서 가장 잘한 선택을 꼽는다면, 20대 시절 책쓰기를 시작한 것이다.

당시 내 또래들은 스펙 쌓기와 취업하는 데 정신이 팔려 있었다. 그때 직감적으로 알았다. 내 학력은 비록 전문대학 졸업에 불과하지만 내가 써내는 책들이 나중에 나를 '거인'으로 만들어 주리라는 것을 말이다. 책을 펴내게 되면 작가가 된다. 작가가 되기 전에는 가족과 친구들, 고향 사람들로부터 앞으로 대단한 인물이 될 거라는 말을 한 번도 들어 본 적이 없었다. 책을 쓰고나자 나를 아는 사람들은 앞다투어 정말 대단하다며, 앞으로 크게 될 거라고 인정해 주고 칭찬해 주었다. 그들에게 내가 특별한 사람으로 인식되기 시작한 것이다.

작가가 되자 많은 변화가 있었다. 내가 쓴 책을 읽고 여러 기업과 기관, 단체 등에서 고액의 강연료를 제시해 가며 연사로 초청해 주었다. 1시간 강연에 100만 원이 넘는 강연료를 주었는가 하면 주최 측에서 강연을 시작하기 전에 근사한 음식점에서 식사까지 대접해 주었다. 어떤 곳은 비행기 티켓과 호텔 숙박까지 가능하도록 배려해 주었다. 강연이 끝난 후에는 많은 청중들이 찾아와서 나의 명함을 요청하고 직접 가져온 나의 책에다 사인을 받았다. 어떤 사람들은 그 자리에서 코칭과 컨설팅을 요청하기도 했다. 책 덕분에 JTBC 〈행복플러스〉와 KBS1 〈아침마당〉에 출연해 책쓰기와 관련해 강연하는 기회도 누릴 수 있었다.

지금까지 나는 250권의 책을 썼고 16권의 초·중·고등학교 교과서에 글이 수록되어 있다. 만약 내가 책을 쓰지 않고 또래들과 마찬가지로 스펙 쌓기나 취업에 집중했더라면 지금의 삶은 없었을 것이다. 책을 쓰지 않는 선택은 최고의 삶을 버리는 최악의 선택인 셈이다.

🏃 최고의 선택을 해서 그것에 집중해야 한다

《성경》에서 예수께서는 항상 가치와 선택, 믿음, 의식 혁명에 대해 말한다. 〈누가복음〉 편에 보면 다음과 같은 내용이 나온다.

"저희가 길 갈 때에 예수께서 한 촌에 들어가시매 마르다라 이름 하는 한 여자가 자기 집으로 영접하더라. 그에게 마리아라 하는 동생이 있어 주의 발아래 앉아 그의 말씀을 듣더니 마르다는 준비하는 일이 많아 마음이 분주한지라. 예수께 나아가 가로되 주여 내 동생이 나 혼자 일하게 두는 것을 생각지 아니하시나이까 저를 명하사 나를 도와주라 하소서. 주께서 대답하여 가라사대 마르다야, 네가 많은 일로 염려하고 근심하나 그러나 몇 가지만 하든지 혹 한가지만이라도 족하니라. 마리아는 이 좋은 편

마르다는 예수님을 응접하기 위해 부엌에서 바삐 움직였다. 그런데 동생 마리아는 언니를 도와주지 않고 예수님의 발아래에 서 예수님이 하시는 말만 경청했다. 기분이 상한 마르다가 예수 께 동생 마리아에게 자신을 도와주라는 말씀을 해 달라고 요청 했다. 하지만 오히려 예수께서는 자신의 이야기를 듣는 것을 선 택한 마리아를 칭찬했다. 그러면서 부엌에서 분주하게 움직이면 서 예수님이 하시는 말에 귀를 기울이고 있는 마르다에게 충고 했다. 음식을 만드는 일과 마리아처럼 예수의 말에 집중하는 일 가운데 한 가지에만 집중하라는 것이다. 보통 사람들의 사고로 는 예수께서 하신 행동이 이해가 잘 안 될 수도 있다. 보통의 사 고로는 천재인 예수님을 눈곱만큼도 이해할 수 없다.

잘 생각해 보자. 음식을 하면서 예수께서 하시는 말씀에 귀 기울인다면 어떻게 되겠는가? 제대로 요리도 할 수 없을 뿐 아니 라 예수의 말씀 또한 제대로 이해할 수 없을 것이다. 그래서 한 가지만 하라는 것이다. 최고의 선택을 해서 그것에 집중해야 하 는 이유다.

시간이 지나도 좀처럼 삶이 나아지지 않는 사람들에게는 공 통점이 있다. 과거를 반복하고 있다는 것이다. 과거에 내렸던 선 택을 답습하고 있는 것이다. 잘못 내린 선택으로 인해 시간과 비용, 감정적인 소모를 했음에도 비슷한 선택의 기로에 서게 되면 같은 선택을 내리는 것이다.

대부분의 사람들은 습관적으로 선택한다. 당장 쉽고, 편하고, 안정적인 것을 추구하기 때문이다. 보통 사람들의 의식 사고가 깊이 뿌리박혀 있기 때문이다. 그러므로 의식 사고를 바꾸지 않는 한 계속 반복적인 선택을 내리고 같은 결과를 얻게 된다. 다른 결과를 바란다면 다른 선택을 내리면 되는데 그게 목숨 거는 일처럼 힘든 것이다.

스스로 사고하고, 선택하고, 결단할 수 있어야 한다

동네 커피숍에 가 보면 많은 사람들이 홀로 공부하고 있다. 책을 읽거나 인터넷 강의를 보며 자격증 공부를 한다. 그들은 자신이 하는 자기계발이 팍팍하고 고달픈 인생에 도움이 되리라 생각한다. 과연 정말 그럴까? 착각이 아닐까? 나는 그들의 모습을 보면서 안타까운 생각마저 든다. 독서나 자격증 공부는 당장 불안감을 잠재워줄 수 있을지는 모른다. 하지만 인생의 판을 바꾸는 데는 큰 도움이 되지 않기 때문이다.

세상에서 가장 단순하면서도 위험한 종족이 있다. 바로 '직장인'이라는 종족이다. 학창시절 교재와 참고서를 달달 외우고 학원이나 개인 과외 선생의 도움을 받아 대학을 졸업한 이력을 갖고 있다. 거의가 살아오면서 가슴 뛰게 하는 꿈을 이루기 위해 도전해 본 적이 없다. 도전이라고 해 봐야 공무원이 되거나 대기업에 들어가기 위해 노력한 것, 가슴 뛰는 이성을 시간과 비용, 감정을 지출해서 내 사람으로 만든 것, 그리고 결혼에까지 골인한 것 정도에 지나지 않을 것이다.

이들은 스스로 사고하고, 선택하고, 결단하는 일을 잘하지 못한다. 오히려 두려워한다. 다른 누군가 대신해 주기를 바란다. 그러다 보니 다른 누군가 만들어 놓은 쳇바퀴를 돌리면서 쥐꼬리만 한 일용할 양식을 구하며 살아가는 것이다.

그들은 뼛속 깊이 게으르다 보니 항상 쉽고, 편하고, 안정적인 것을 원한다. 세상에서 가장 불안하고 위험한 것이 대체되기 쉬운 것임을 알지만 망각한 채 살아간다. 다른 누군가 만들어 놓은 회사에서 일하며 연봉을 받지만 연봉을 주는 회사와 상사를 비방하고 험담하기를 좋아한다. 그러면서도 지금 다니는 회사를 박차고 나가서 정작 원하는 회사를 설립하거나 창업하기를 두려워한다. 실패할까 봐 불안하고 두렵기 때문이다.

나는 자신 있게, 과감하게 말할 수 있다! 네가 원하는 그런 회사를 차릴 생각이 없거나 지금 욕하는 회사를 나갈 자신이 없다면 닥치고 죽은 듯이 일하라고! 자라는 아이들이 그런 당신의 모습을 보며 어떤 생각을 할까? 뭘 배울 수 있을까? 나는 개인적으로 평생을 직장생활만 하면서 편하게 살고자 하는 사람들을 경멸한다. 세상이 더 아름다워지고 진보할 수 있는데 이들로 인해 늦춰지고 있기 때문이다.

🏃 최고의 삶은 최고의 선택을 내릴 때 가능하다

《성경》의 〈마가복음〉 편에 보면 예수께서 갈릴리 해변에서 시몬과 안드레를 제자로 선택하는 이야기가 나온다.

"갈릴리 해변으로 지나가시다가 시몬과 그 형제 안드레가 바다에 그물 던지는 것을 보시니 그들은 어부라. 예수께서 이르시되 나를 따라오라 내가 너희로 사람을 낚는 어부가 되게 하리라 하시니 곧 그물을 버려두고 따르니라."

가장 값진 일은 사람의 의식을 변화시켜 충만한 경험을 하게 하는 것이다. 예수께서는 자신의 뒤를 이을 제자들로 시몬과 그 형제 안드레를 선택했다. 예수의 입장에서는 최고의 선택인 셈이다. 예수께서는 세상을 두루 다니며 사람들의 의식을 바꿔 주는 복음 전파를 그들이 해 줄 수 있으리라 믿었다.

시몬과 안드레는 예수께서 자신들을 제자로 선택했을 때 군소리 없이 그물을 버려두고 따라나섰다. 두 사람에게는 예수라는 사람이 어떤 사람인지 보는 눈이 있었던 것이다. 그래서 생계 수단인 그물을 버리고 잘 알지도 못하는 사람을 따를 수 있었던 것이다. 그들은 인생 최고의 선택을 내린 것이다. 하나님은 의식혁명으로 사람들의 삶을 변화시키는 일을 하기를 원하신다. 예수께서 물고기를 잡는 시몬과 안드레를 사람을 낚는 어부로 만드신 이유다.

인생은 시간이다. 인생이라는 시간은 사람마다 차이가 있지만 길어 봤자 100년이다. 100년이라는 시간 안에서 우리는 많은 경험들을 하게 된다. 사랑도 하고, 결혼도 하고, 꿈도 실현하고, 아이들도 낳고…. 이 과정에서 우리는 세상에 선한 영향력을 펼치게 된다. 그런데 우리가 겪었거나 앞으로 겪을 경험들이 충만하고 행복하기보다는 후회와 고통으로 점철된다면 어떨까? 최고의 삶이라고 할 수 없다. 최고의 삶은 최고의 선택을 내릴 때 가능하다. 결과는 어떤 선택을 내렸느냐에 따라 달라진다.

나는 당신이 인생은 선택이라는 것을 기억하고 매 순간 후회 없는 최고의 선택을 내리기를 바란다. 당장 눈앞만 보는 선택이 아닌, 멀리 내다보는 가치 있는 선택을 내리기를 바란다.

내가
명령하면
현실이 된다

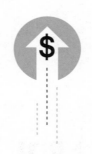

🏃 내가 상상하는 것들은 현실이 된다

"당신은 그동안 몇 개의 꿈을 이루었습니까?"

그동안 내가 꿈꾸었던 모든 것들을 실현했다. 실현된 꿈들 대부분은 보통 사람들은 상상도 할 수 없는 굉장한 것들이다. IQ 89, 전문대 화장품학과 출신인 내가 작가가 된 것은 기적에 가까운 일이다. 그보다 더 놀라운 일들은 24년 동안 250권이 넘는 책을 펴냈다는 것과 16권의 초·중·고등학교 교과서에 나의 글이 실려 있다는 것이다. 내가 쓴 책들 가운데 여러 권이 해외 여러 나라에 저작권이 수출되어 출간되었고, 2012년에는 고려대학교에서 멘토로 활동했다. 지독하게 가난했던 내가 30채가 넘는 부동산을 소유하게 되었고, 소유하고 있는 차만 해도 페라리,

람보르기니, 벤츠, 포르쉐 등 총 6대다. 이 모든 것이 10년 전만 하더라도 나와는 전혀 어울리지 않는 것들이었다. 그러나 지금은 온전히 내 것이 되었다.

꿈을 실현하는 과정에서 꿈 실현보다 더 값진 것을 얻을 수 있었다. 내가 상상하는 것들은 무조건 현실이 된다는 단단한 믿음을 가지게 된 것이다. 나는 원하는 것을 의식 속에서 선포한다. 상상 속에서 내가 원하는 것을 가지게 되었을 때 느끼게 될 감정과 기분을 생생하게 느껴 보고 취하게 될 행동을 해 본다. 상상 속에서 이루어진 행동은 그것의 모습과 동일하게 곧 외부 세계에 모습을 드러낼 수 있도록 우주 만물에게 명령을 내린다. 세상 모든 것들은 그것이 실현되도록 분주하게 움직이기 시작한다. 나는 기적이나 창조는 이런 방식으로 이루어진다는 것을 잘 알고 있다.

영국의 시인 블레이크는 이렇게 말했다.

"인간은 오직 상상력이다. 하나님은 인간이고 우리 안에
존재하시며, 우리는 그분 안에 존재한다… 인간의 불멸의
몸은 상상력, 곧 하나님 바로 그분이다."

그렇다. 나는 상상력이다. 또한 하나님도 상상력이다. 그리고
하나님은 내 안에 계시고, 나는 하나님 안에 있음을 알고 있다.
하나님은 상상력을 통해 활동하신다. 내가 어떤 것에 대해 상상
할 때 하나님은 움직이기 시작하신다. 바라는 것이 있을 때 그것
을 갖기 위해 노력만 해선 안 된다. 그것이 이미 나의 것이 된 상
상을 해야 한다. 그것을 가졌을 때 하게 되는 말과 행동을 상상
안에서 할 수 있어야 한다.

《성경》의 〈여호수아〉 편에 "너희 발바닥으로 밟는 곳은 모두
내가 너희에게 주었노니"라는 말이 있다. 이는 상상을 일컫는 말
이다. 상상 안에서 생생하게 그리는 모든 것들은 내 것이 된다.
무언가를 상상할 수 있다는 것은 그것을 가질 수 있다는 뜻이
다. 우리는 현실로 만들지 못하는 것들은 상상할 수 없다. 자신
이 아는 것만 상상할 수 있기 때문이다.

✖ 결과의 관점에서 현재의 모습을 상상하라

《성경》의 〈마가복음〉 편에 보면 예수께서 이렇게 말씀하신다.

*"내가 너희에게 말하노니 무엇이든지 기도하고 구하는 것
은 받은 줄로 믿으라. 그리하면 너희에게 그대로 되리라."*

나는 이 문구를 너무나 좋아한다. 칠흑처럼 어두웠고 한 줄
기 빛조차 없었던 내 인생에서 가장 힘들었던 시기 이 문구를
곱씹으며 버티고 이겨 낼 수 있었다. 하나님은 내가 원하는 것들
을 넘치도록 주실 분이라는 믿음을 가질 수 있었다. 당시 내가
가장 바랐던 것은 베스트셀러 작가 되기, 아버지가 갑자기 돌아
가시고 28세에 물려받은 거액의 빚 갚기, 경제적 자유, TV 출연
해서 강연하기, 내 이름으로 된 아파트 구입하기 등이었다.

당시 이런 것들을 이루기 위해 미친 듯이 노력했다. 그럼에도
불구하고 쉽지 않았다. 결과가 이뤄지기까지의 기간이 길어질수
록 좌절과 절망 또한 커지게 된다. 포기와 지속적인 노력 사이에
서 갈팡질팡하게 된다. 대부분 이 과정에서 포기하게 된다.

나는 지금에 와서야 과거 나의 꿈들이 왜 그렇게 쉽게 실현
되지 않았는지 알고 있다. 결과만 생각했지, 결과를 이룬 모습에
서 생각하지 않았기 때문이다. 쉽게 말해 그것들을 이루겠다는

생각만 했고, 이미 그것을 이룬 모습(결과의 관점)에서 현재의 모습을 상상하지 않았던 것이다. 나의 소망이 실현된 상태에 들어가는 것이 결과의 관점에서 생각하는 것이다. 무엇이든 기도하고 구하는 것은 이미 받을 줄로 믿어야 한다. 그 대상이 무엇이든 말이다. 기도하고 구한다는 것은 이미 그것이 내 것이 되었음을 생생하게 상상하라는 뜻이다. 형이상학자 네빌 고다드는 《네빌 고다드의 부활》에서 이렇게 말했다.

> "주어진 현실에 굴복하거나 세상의 외적인 모습에 기초해서 삶을 받아들이지 마십시오. 현실보다 더 높은 곳에 존재하는 상상의 활동에 최고의 가치를 선언하고 세상 모든 것들을 상상력에 굴복시키십시오. 그렇게 여러분의 이상을 상상 속에서 꽉 잡으십시오. 여러분이 이상을 놓쳐 버릴 때를 제외하면 그 무엇도, 그 누구도 여러분에게서 이상을 빼앗아 가지 못할 것입니다. 오직 가치 있고 희망적인 결과를 상상하십시오."

내가 명령하면 현실이 된다. 그동안 내가 실현한 모든 것들은 의식 안에서 '그것이 있으라'라고 선포한 것들이다. 이는 그리스도 예수께서 우리에게 알려 주신 성공 비법이자 하나님의 창조 원리다. 대상이 무엇이든 소망이 이미 이루어진 상태를 상상

해야 한다. 단단한 믿음을 가지고 상상력을 이용할 때 바라는 기적을 일으킬 수 있다. 결과의 관점에서 상상할 때 우주는 그것이 단시간에 이뤄질 수 있도록 활동하기 시작한다.

대부분의 사람들은 자신의 현재 상황에 맞춰 생각한다. 현재 상황이라는 우물 안에서 보이는 하늘을 바라보는 격이다. 그러면 전체 하늘을 볼 수 없기 때문에 제대로 된 하늘을 생생하게 그려 볼 수 없다. 현재 상황은 내버려 두고 보고 싶은 하늘을 그릴 수 있어야 한다. 상상 안에서 보고 싶은 하늘을 그릴 때 우물 안을 벗어날 수 있다. 비록 현실은 녹록지 못할지라도 더 나아진 자신의 모습을 상상할 수 있어야 한다.

상상력은 하나님이 주신 영적인 감각이다. 우리는 이 영적인 감각을 어떻게 활용하느냐에 따라 지구별에서 천국처럼 살 수 있다. 천국은 다른 곳에 있는 것이 아니다. 지금 우리가 발을 딛고 있는 이곳에 이미 임했다. 다만 그것을 알아채기만 하면 된다.

다음은 내가 가장 좋아하는 네빌의 말이다. 네빌이 말하는 그대로 한번 실천해 보길 바란다.

"상상력은 영적인 감각입니다. 소망이 성취된 장면 속으로 들어가서 그것이 물질적인 현실이 되었다면 여러분이 했을 만한 행동을 마음속으로 연기해서, 그 장면에 감각적인 생생함과 현실의 분위기를 주십시오. 여러분이 장미

를 쥐고 있다고 상상해 보시고, 한번 냄새를 맡아 보십시오. 장미의 향이 느껴지나요? … 여러분의 영적인 감각을 이용해서 그것에 실체와 같은 생생한 감각을 준다면 세상 모든 것들은 여러분이 뿌린 씨앗을 거둘 수 있도록 도울 것입니다."

당신의 믿음이
당신의 미래를
창조한다

🏃 모든 일은 믿음으로 시작해서
믿음으로 끝나야 한다

당신은 꿈이 이루어질 거라는 믿음이 있는가?

당신은 지금 하고 있는 일(사업)이 성공할 것이라는 믿음이 있는가?

나는 지금 내가 갖고 있는 모든 꿈들이 실현된다는 믿음을 갖고 있다. 지금 하고 있는 일들도 내가 계획한 대로 성취되리라는 것을 알고 있다. 내가 계획하는 일들에는 모두 하나님이 함께하신다고 믿는다. 내가 어떤 것을 원하거나 욕망을 가질 때 내 안에 계신 하나님이 그것을 원하시기 때문이다.

모든 일은 믿음으로 시작해서 믿음으로 끝나야 한다. 믿음이 없거나 부족한 시작은 실패로 가는 시작일 뿐이다. 대부분의 사람들은 이루고 싶은 꿈은 있지만 그 꿈에 대한 믿음이 부족하거나 아예 없다. 믿음이 있어야 열정이 생겨 행동하게 된다. 성공한 사람들이 열정이 강한 이유다. 그들은 번뜩이는 아이디어가 떠오르면 생각만 하지 않는다. 바로 계획을 세우고 우선순위를 정해서 행동한다.

물론 그 과정에서 시행착오도 겪겠지만 그 일들 역시 성취를 위한 과정이라고 여긴다. 그들의 머릿속에는 이미 성공한 자신의 모습이 생생하게 그려진다. 우리는 눈에 보이지 않을 때 좌절하고 포기하게 되지만 손에 잡힐 듯 그려진다면 절대 멈추지 않는다. 끝까지 견딜 수 있는 것이다.

《성경》의 〈요한복음〉에 보면 "내가 진실로 진실로 너희에게 이르노니 나를 믿는 자는 내가 하는 일을 그도 할 것이요 또한 그보다 더 큰일도 하리니"라는 문구가 있다. 문구에 나오는 '나를 믿는 자'라는 말은 '내 안에 계신 그리스도'를 안다면 우리가 바라는 일들이 그대로 이루어진다는 뜻이다.

그러기 위해선 몇 가지 알아야 할 것이 있다. 우리의 육신은 하나님이 계시는 성전이고, 하나님은 언제나 나와 함께하신다는 것이다. 우리가 하는 모든 일들에는 하나님이 함께하기 때문에 완전할 수밖에 없다는 믿음을 가져야 한다. 믿음은 창조를 낳고 기적을 만든다. 우리가 살면서 이루어 낸 모든 것들은 크고 작은 믿음으로 말미암아 창조된 것이다. 내가 바라는 것을 현실세계에 창조하는 것이 기적이지 무엇이겠는가.

🏃 믿음이 미래를 창조한다

믿음이 미래를 창조한다. 모든 것은 믿음으로 말미암아 나타난다. 과거에 나는 수십 개의 꿈들을 가졌다. 당시 나는 집안 배경이나 학력, 스펙 등 그 무엇 하나 특출 난 것이 없었다. 대구의 시골에 위치한 고향집은 거액의 빚이 있었고, 연로하신 아버지는 하루가 멀다 하고 술에 취해 계셨다. 밭뙈기, 논 한 마지기 없던 우리 집에는 어떤 희망도 보이지 않았다. 고향집 대문을 들어서면 우울한 공기에 숨이 막혔다. 그럼에도 불구하고 나는 다음과 같은 꿈 목록을 가졌다.

- 베스트셀러 작가 되기
- 대형서점에서 사인회 열기
- TV 출연해서 강연하기
- 외제차 구입하기
- 내 이름으로 된 아파트 장만하기
- 100권의 책을 출간하기

– 한 번 강연에 5,000만 원 받기

당시 나의 상황으로는 절대 실현할 수 없는 꿈들이었다. 친구들 역시 그 꿈들이 실현될 리 만무하다고 여겼다. 사람들은 허무맹랑한 꿈을 꾸고 있다고 핀잔을 주었다. 그런 꿈들은 아무나 이루는 게 아니라며 나의 주제를 파악해야 한다고 대놓고 무시하는 사람들도 있었다. 하지만 단 한 번도 꿈들이 실현되지 않을지도 모른다는 생각을 하지 않았다. 힘든 나의 상황과 꿈들을 분리해서 생각했던 것이다.

사람은 누구나 자신이 꿈꾸었던 것들만 이룰 수 있다. 나는 이 진리를 알고 있었다. 아무것도 내세울 수 없었던 내가 성공할 수 있는 길은 단 하나, 꿈을 가지고 그것을 믿는 것이었다. 내가 꿈을 무시하거나 바라는 대로 될 거라는 믿음을 가지지 않는다는 것은 눈부신 미래를 황폐하게 만드는 것과 같았다. 지금에 와서 보면 내 꿈을 무시한 그들이 틀렸고, 나의 믿음이 맞았다는 것을 알 수 있다. 인생에서 가장 힘든 시절에 가졌던 그 꿈들은 모두 이뤄졌다. 아니 더 많은 것들을 실현했다.

《성경》의 〈고린도후서〉에 이런 말이 있다.

"너희가 우리 안에서 좁아진 것이 아니라 오직 너희 심정에서 좁아진 것이니라."

마음이 작은 사람은 작은 어려움을 만나도 크게 생각한다. 처음 자신이 계획한 일이 바라는 대로 완결되리라는 믿음이 없기 때문이다. 그래서 작은 물결에도 쉽게 흔들리고 좌초하게 된다. 믿음이 있는 큰사람은 큰 어려움을 만나도 작게 생각한다. 과정 중에 힘든 일이 있더라도 그 일이 결과적으로 성공에 이로운 일이라고 여긴다. 본래 시련과 역경은 없다. 그저 자신의 마음이 그것을 힘든 문제라고 여기는 것이다. 나는 언제나 영 안에서 살고 있다. 의식이 영적인 단계에까지 높아진다면 이미 일이 이뤄진 것을 깨닫게 된다. 아버지는 항상 청하기도 전에 기도를 들어주신다는 것을 알기 때문이다.

힘든 현실을 바꾸기 위해선 가장 먼저 의식 세계를 바꿔야 한다

당신은 스스로 생각하는 것보다 100배나 큰사람이다. 당신은 한낱 메뚜기가 아니라 거인이라는 생각을 가져야 한다. 당신이 그동안 이룬 것들은 앞으로 성취하게 될 것들에 비하면 아무것도 아니다. 나는 자신감이 없는 사람들에게 "당신은 앞으로 100배 크게 성공합니다! 하나님을 믿고 스스로를 믿고 자신 있게 도전해 보세요!"라고 말한다. 자신감이 없는 이유는 자신에 대한 믿음이 없기 때문이다. 자신에 대한 믿음이 있는 사람만이 하나님에 대해 믿음을 가질 수 있고 끝까지 유지할 수 있다.

모든 힘은 나의 내부에서 나온다. 내면의 힘은 그 누구도 대신 끌어다 줄 수 없다. 힘든 현실을 바꾸기 위해선 가장 먼저 의식 세계를 바꿔야 하는 이유다. 의식 세계가 바뀌지 않고선 스스로를 바라보는 관점과 하나님에 대한 관점 역시 달라지지 않는다. 지금의 외부 현실세계는 나의 내면세계가 그대로 투영되어 나온 것이다.

우리의 생각은 '씨앗'이다. 그대로 거두게 된다. 속마음으로는 돈을 엄청 좋아하면서도 사람들에게 속물로 비쳐질까 봐 겉으로는 아닌 척하는 사람들이 있다. 이런 사람은 스스로를 속이는 것이다. 내 안에 있는 하나님은 이미 진짜 내 속마음을 알고 있다. 그러므로 자신을 속이면 누구보다 하나님이 불편해하신다. 이는 하나님을 업신여김을 받게 하는 일과 같다.

《성경》에 "너희 눈이 하나가 되면 너희 몸은 빛으로 충만할 것이다."라는 말씀이 있다. 이는 의식과 잠재의식이 하나 됨을 뜻한다. 절대 딴마음으로는 완전함을 이룰 수 없다. 그리스도는 내 안에 있다고 생각하라. 내 안에 하나님, 그리스도가 있다. 이것을 믿는 것만으로도 옛사람에서 새사람으로 거듭난다.

말버릇과
우주의 법칙만으로
운명은 정말로 바뀐다

🏃 가난한 현실보다 더 무서운 것은
가난한 생각이다

평소 어떤 말을 하느냐에 따라 소망이 이뤄지고 인생이 바뀐다. 부자들은 부에 대해서만 말한다. 그들이 부에 대해서만 말할 수 있는 것은 평소 부에 대해서만 생각하기 때문이다. 그들이 부유하게 사는 비결이다. 가난한 사람들은 주로 가난과 관련된 말을 한다. 평소 가난에 관한 생각을 하기 때문이다. 그 생각이 말로 표현된 것이다. 부자는 더욱 부유해지고 가난한 사람들은 더욱 가난해지는 이유다.

가난한 현실보다 더 무서운 것이 있다. 바로 가난한 생각이다. 지금 가난하다고 해서 앞으로도 계속 가난하게 살아갈 거라는 생각은 인생을 망친다. 가난한 생각을 하게 되면 자신에게 연민을 느끼게 된다. 계획을 실행에 옮기기 전에 먼저 실패를 예상하게 된다. 이는 스스로를 패배자로 만든다.

생각은 강력한 자석이다. 주파수가 맞는 것을 끌어당긴다. 부에 대한 생각은 부와 관련된 영감이나 생각, 사람들을 끌어당긴다. 그러나 가난에 대한 생각은 가난과 관련된 것들을 강한 힘으로 끌어당긴다. 생각만 바꿔도 말버릇이 달라진다. 그동안 "가난은 정말 지긋지긋해!", "가난은 질렸다!"라고 말했다면 이렇게 바꿔 보자. "나는 지금 부자로 가는 과정에 있어.", "나는 부를 원해! 하나님은 내가 부자로 살기를 바라서." 이런 말은 부자로 살 수 있는 생각, 아이디어, 환경을 끌어다 준다. 부자가 되기를 바라는 사람이 가장 먼저 바꿔야 할 것은 말버릇이다.

고이케 히로시가 쓴 《2억 빚을 진 내게 우주님이 가르쳐준 운이 풀리는 말버릇》에 보면 이런 말이 있다.

"사람은 잠재의식을 통해 평소의 말버릇을 우주로 보낸다. 우주에서 증폭되기를 바라는 에너지를 스스로 선택하고 끊임없이 주문을 하는 것이다."

우리가 하는 말이 우주로 보내는 주문서라는 것이다. 지금 현실이 고달프고 힘들다면 그동안 지금과 같은 인생을 우주에 주문한 것이다. 가난한 사람들의 잠재의식은 가난으로 점철되어 있다고 해도 과언이 아니다. 그래서 갈수록 가난해지는 것이다. 스스로 가난이라는 주문을 했기 때문에 우주가 가난을 끌어다 준 것이다.

🏃 가난을 극복하고자 한다면 가난한 생각과 결별해야 한다

나는 가난은 마음의 병이라고 생각한다. 병은 치유될 수 있다. 가난 역시 마찬가지로 개선될 수 있고 극복될 수 있다. 가난은 가난한 사고로 인해 만들어진다. 생각이 가난으로 향해선 안 되는 이유다. 가난이라는 병을 치유하고자 한다면 가난한 생각과 결별해야 한다. 생각이 부를 향하게 하고 자신이 태어난 목적이 부유하게, 행복하게 살기 위함이라는 것을 알아야 한다. 모든 사람은 태어날 때 가난과 아무런 연관성이 없다. 성장하는 과정에 가난한 부모 아래서 자라는 사람들은 가난한 사고를 주입당한다. 부자들 때문에 자신이 가난해지는 것이라고 생각하게 된다. 항상 궁핍한 생활에 쫓기기 때문에 눈앞의 것만 쳐다보게 된다. 인생을 바꿔 줄 창의성은 물론 자신의 잠재력을 발휘할 수도 없다.

나는 과거 경제적으로 힘들었던 시절에 입만 열었다 하면 가난을 저주하는 말들을 했다.

"나는 왜 이렇게 되는 게 없지?"
"부모님은 나를 책임지지도 못하실 거면서 왜 낳았어."
"이놈의 세상, 전쟁이나 났으면 좋겠다."
"있는 놈들이 더하다니까!"

이제야 안다. 과거 내가 했던 부에 관련된 부정적인 말들이 내 삶을 더욱 고통스럽게 했다는 것을 말이다. 내가 하는 말은 곧장 우주로 보내는 주문과 같다. 부에 관해 부정적인 말을 한다는 것은 가난을 찬양하는 것과 같다. 우주는 내가 하는 주문을 그대로 실행할 수밖에 없다. 나는 소망이 실현되는 원리를 알지 못했던 것이다. 내가 쏘아 대는 부정적인 말들이 내가 그토록 싫어하는 가난을 끌어당긴다는 것을.

가난에서 탈출하는 방법은 우주의 법칙을 알고 실천하는 것이다. 우주의 법칙은 정확하다. 지구상에서 일어나는 일들뿐만 아니라 온 우주에서 일어나는 모든 일들이 우주의 법칙으로 인해 일어난다. 우주는 절대 상대가 선하고 악한지, 똑똑하고 바보같은지를 판단하지 않는다. 오직 우리가 하는 생각과 말의 주파수에 맞는 결과를 만들어 낼 뿐이다.

우주의 법칙은 크게 두 가지로 말할 수 있다. 끌어당김의 힘, 상상의 힘이다. 끌어당김의 힘은 우리가 자주 생각하는 그것이 곧 현실에 나타난다는 것이다. 생각하는 순간 끌어당김의 힘이 작용하기 때문이다. 상상의 힘은 우리가 상상 속에서 만들어 내는 이미지와 느낌이 실제 현실이 된다는 것이다. 상상의 힘은 강력하다. 상상의 힘을 막을 수 있는 것은 아무것도 없다. 아무리 현실이 힘들어도 상상 속에선 성공자, 부자가 될 수 있다. 자신이 바랐던 결과를 이룬 모습을 생생하게 상상할 수 있는 것이다.

나는 20대 때 우주의 법칙을 알게 되었다. 그러나 당시는 나의 부정적인 생각 때문에 내가 알게 된 우주의 법칙을 습관으로 만들지 못했다. 가끔씩 내가 소망하는 것들을 떠올려 보며 끌어당기고 상상하는 정도였다. 그러다 30대가 되어 우주의 법칙을 전적으로 확신하게 되었다. 강한 믿음이 생기면 자연스레 행동하게 된다. 나는 매 순간 내가 소망하는 것들을 생각함으로써 끌어당겼다.

내가 작가가 되어 많은 사람들 앞에서 강연하고 사인해 주는 모습, TV 프로그램에 출연해 특강하는 모습, 외제차를 타고 다니는 모습, 아버지가 돌아가신 후 남은 거액의 빚을 모두 갚은 모습, 1년에 30억 원의 수입을 올리는 성공자의 모습, 내게 코칭과 조언을 받기 위해 전 세계는 물론 전국 각지에서 사람들이 찾아오는 모습, 내 이름으로 된 부동산 30채를 가진 모습….

나는 내가 소망하는 것을 종이에 적고 그것이 실현되었다고 생각했다. 미리 하나님께 소망을 이뤄 주셔서 감사하다는 기도를 드렸다. 하나님께 감사의 기도를 드렸으면 그것으로 끝이다. 계속해서 기도하거나 언제쯤 실현되는지 궁금해할 필요도 없다. 오로지 믿음으로 기다려야 한다. 의심하는 사람은 하나님으로부터 그 무엇도 받지 못한다. 이것이 《성경》의 원리이자 우주의 법칙이다.

이제부터 부에 대해서만 생각하고, 말해야 한다

사람들 중에 소망을 가진 후 '정말 이루어질까?'라는 생각을 하는 사람들이 있다. 이는 자신의 소망이 이루어지지 않을 거라는 전제에서 비롯된 생각이다. 이는 비극을 낳는다. 소망이 이뤄지지 않기 때문이다. 인생을 해피엔딩으로 만들려면 결과만 생각해야 한다. 원하지 않는 상태는 생각하지 말아야 한다. 불안감은 우주가 소망을 실현하기 위해 일하는 것을 방해한다. 불안한 생각이 들면 바로 확신과 믿음으로 바꿔야 하는 이유다.

지금까지와는 다른 인생을 살고 싶은가? 그러려면 먼저 내면에 가득 찬 가난한 사고를 몰아내야 한다. 그 자리에 부에 대한 사고로 채워야 한다. 어둡고 음울한 내면을 밝고 희망찬 것으로 바꿔야 한다. 가난은 극복할 수 있다. 그러려면 이제부터 부에 대해서만 생각하고, 말해야 한다. 가난을 생각하거나 스스로를 의심하거나 좌절해선 안 된다. 당신은 하나님으로부터 부유하게 살아갈 특권을 부여받은 사람이다. 스스로 천국 시민이라는 것을 되새겨야 한다.

마지막으로 오리슨 스웨트 마든의 《부의 비밀》에 나오는 말을 기억해 보자.

> "가난을 이야기하고, 가난을 생각하고, 가난을 예상하고, 가난에 대비하면 정말로 가난해진다. 가난을 준비하는 것이 가난의 조건을 충족시키고 마는 것이다. 사람들은 끝없이 예상하면서 예상한 상태를 초래한다. 가난을 생각하고, 자신을 의심하고, 절망적 사고 회로에 빠지게 되면 아무리 노력해도 스스로 만들어 낸 사고의 흐름에서 벗어날 수 없게 된다."

150억 부자의 부의 추월차선

초판 1쇄 인쇄 2020년 6월 15일
초판 1쇄 발행 2020년 6월 19일

지 은 이 **구세주 김도사**
펴 낸 이 **권동희**
펴 낸 곳 **위닝북스**
기   획 **구세주 김도사**
책임편집 **김진주**
디 자 인 **김하늘**
마 케 팅 **포민정**

출판등록 **제312-2012-000040호**
주   소 **경기도 성남시 분당구 백현로97 다운타운빌딩 2층 201호**
전   화 **070-4024-7286**
이 메 일 **no1_winningbooks@naver.com**
홈페이지 **www.wbooks.co.kr**

©위닝북스(저자와 맺은 특약에 따라 검인을 생략합니다)
ISBN 979-11-6415-061-8 (03190)

이 도서의 국립중앙도서관 출판도서목록(CIP)은 서지정보유통지원시스템 홈페이지(http://seoji.nl.go.kr)와 국가자료공동목록시스템(http://www.nl.go.kr/kolisnet)에서 이용하실 수 있습니다.(CIP제어번호: CIP2020023495)

이 책은 저작권법에 따라 보호받는 저작물이므로 무단전재와 무단복제를 금지하며, 이 책 내용의 전부 또는 일부를 이용하려면 반드시 저작권자와 위닝북스의 서면동의를 받아야 합니다.

위닝북스는 독자 여러분의 책에 관한 아이디어와 원고 투고를 설레는 마음으로 기다리고 있습니다. 책으로 엮기를 원하는 아이디어가 있으신 분은 이메일 no1_winningbooks@naver.com으로 간단한 개요와 취지, 연락처 등을 보내주세요. 망설이지 말고 문을 두드리세요. 꿈이 이루어집니다.

※ 책값은 뒤표지에 있습니다.
※ 잘못 만들어진 책은 구입하신 서점에서 교환해 드립니다.